AF607741

BRUJERÍAS, CONJUROS Y SORTILEGIOS

ROBERT WALL NEWHOUSE

BRUJERÍAS, CONJUROS Y SORTILEGIOS

ROBERT WALL NEWHOUSE

ARCANA

BRUJERÍAS, CONJUROS Y SORTILEGIOS

Ilustración y diseño de cubierta: Daniel Jurado

Edita: Olmak Trade S.L.
C/ Roca Plana 1
08110 - Montcada i Reixac
Barcelona (España)

www.olmaktrade.com
info@olmaktrade.com

@O_BookTrade

Impreso en España / Printed in Spain

I.S.B.N: 978-84-10109-76-6
Depósito Legal: B 22598-2024

INTRODUCCION

No es nada fácil encarar un tema que aún hoy en día goza de cierta mala fama, de cierto aire maligno, de cierto sentido de transgresión.

Y todo ello se debe a que la brujería es una de las ciencias ocultas que más enemigos ha tenido.

Estos enemigos se han encargado de sumirla en los más oscuros pensamientos y supercherías sin darle la más mínima oportunidad de redención; la han perseguido, maldecido, la han castigado y la han llevado a las zonas más bajas de la cultura.

Sin embargo, sobre todo entre las clases populares, la brujería ha sobrevivido a los más fieros ataques y a las más crueles persecuciones.

No vamos a decir en este libro que todo lo relacionado con la brujería merezca un reconocimiento de bondad. No, no todo puede ser rescatado como bueno; desgraciadamente la ignorancia, y la mala publicidad machacada durante siglos, han convertido en realidad muchas de las "malas" acciones atribuidas a la brujería.

Durante siglos, y apartadas de la brujería milenaria, muchas personas con malas intenciones se decantaron por las artes negras de la brujería popular. Todo el que deseaba hacer el mal al vecino contrataba los servicios de una bruja, o bien se convertía en brujo para lograr sus objetivos.

En Europa, todos los malos pensamientos, las malas acciones, los excesos y los pecados encontraron cobijo bajo las negras alas de la perseguida brujería medieval.

Con la conquista de América, los grandes viajes marítimos y el colonizaje de Africa, Australia y Asia, la brujería se fue transformando y sincretizando al sumar rito sobre rito y superstición sobre superstición, dando lugar a nuevas formas y a nuevas fórmulas.

De esta forma, la brujería se ha convertido, más que en una práctica para hacer el mal o el bien, en una religión marginal y popular, paralela a las religiones oficiales.

No han sido pocos los monjes y los religiosos que han aportado su grano de arena a la brujería, y tampoco han sido pocos los hombres de ciencia o de letras que se han dejado seducir por ella.

Y nuestra misión en las siguientes páginas, no es otra que la de desvelar ante los ojos del lector qué es realmente la brujería en nuestros días y qué ha sido a lo largo de los tiempos.

R. W. N.

PRIMERA PARTE

ELEMENTOS DE LA BRUJERIA

CAPITULO I

HISTORIA DE LA BRUJERIA

Podríamos remontarnos al Antiguo Testamento para hablar de la existencia de viejas mujeres dedicadas a prácticas adivinatorias, o a viejos estrafalarios que prometían curaciones, filtros de amor y otras cosas por el estilo.

Estas viejas y estos viejos trabajaban al margen de las religiones oficiales y eran mal vistos por los sacerdotes y las sacerdotizas.

Lógicamente, el Antiguo Testamento se refiere a la situación geográfica de Africa del Norte, Egipto y Medio Oriente, es decir, nos habla de unas prácticas mágicas carentes de grandes ritos y de aprobación religiosa en el mundo semítico de hace tres o cuatro mil años.

Pero esto no quiere decir que la brujería, o la actuación de curanderos y adivinas, no se haya encontrado en todas y cada una de las culturas que en el mundo han sido.

Desde el momento en que nació una clase sacerdotal organizada en todas y cada una de las culturas antiguas, también nacieron los brujos y las brujas que, sin recurrir a la parafernalia sacerdotal prometían hechos maravillosos a la población.

La brujería, por tanto, es un fenómeno contestatario a los magos cortesanos y a los sacerdotes prepotentes, nacida entre las clases menos favorecidas de la civilización, sin mucha dirección y sin mucha cabeza, pero dispuesta a plantar cara a los jerarcas que siempre han monopolizado las necesidades espirituales del hombre.

Todos y cada uno de nosotros, desde la China milenaria, o desde el antiguo Egipto hasta nuestros días, hemos tenido la necesidad de creer en algo, de llenar ese pequeño vacío espiritual que llevamos dentro, de satisfacer nuestro pensamiento mágico; y es por eso que muchos de nosotros en algún momento de nuestras vidas nos hemos dejado seducir por alguna religión, por alguna ciencia oculta o por la brujería.

Quién es capaz de rehuir a una solución fácil y mágica, quién no se deja tentar por una promesa de futuro afortunado, muy pocos. Y las religiones son tan complicadas, nos obligan a seguir tantas y tantas reglas de comportamiento siempre ajenas a nuestra naturaleza, que cuando se nos ofrece una solución espiritual que no exige de nosotros otra cosa que fe, nos entregamos a ella.

En suma, que la brujería es tan vieja como la historia del hombre más o menos civilizado, desde hace unos cinco mil doscientos años, cuando surge a la historia la fabulosa Mesopotamia, plagada de sacerdotes, magos y brujas, en lo que hoy conocemos como Irán e Irak.

Podemos retroceder aún más, a los antiguos grupos tribales que se aposentaron en todos los continentes hace unos 10.000 años.

ELIPHAS
EVI DEL

Estos grupos carecían de escritura y de una jerarquía ordenadora de los bienes comunes, pero muchos de ellos ya contaban con un orden grupal, el sedentarismo, la agricultura, un jefe guerrero y un jefe espiritual.

Es más, todo parece indicar que entre los grupos nómadas que se pasearon por el mundo hace 20.000, ya existía la figura del brujo y del líder, tal y como lo podemos ver hoy en día entre algunas tribus africanas.

Los brujos y brujas de la remota antigüedad se convirtieron en los sacerdotes y sacerdotizas de los primeros pueblos establecidos y de las primeras culturas, alcanzando las cúspides de la jerarquía social, económica y política.

Y desde el momento en que los brujos de la prehistoria se convirtieron en los sacerdotes de la historia, empezaron a surgir, y a ser perseguidos, los brujos y las brujas.

El vulgo siempre ha adorado o vilipendiado más a los brujos y a las brujas por el simple hecho de tenerlos más a mano y por no distinguir en ellos una jerarquía opresora.

Durante algunos siglos, y dentro de ciertas culturas, la brujería fue tolerada. Y de tiempo en tiempo ha sido cruelmente perseguida.

En los siglos XIII, XIV, XV, XVI, XVII y XVIII la brujería europea se extendió como reguero de pólvora. Y de la misma forma que se extendió, fue perseguida por la Santa Inquisición: la Iglesia Católica ha sido una de las menos tolerantes en este sentido.

En los primeros cincuenta años del siglo XVII hubo más de 60.000 condenas a muerte por practicar la brujería. El planteamiento era sencillo, si la Iglesia contaba con el apoyo de Dios, la brujería sólo podía contar con el apoyo del Diablo.

Al terminar el siglo XVII, son casi 100.000 las personas que habían sido encontradas culpables de practicar la brujería y, por tanto, ejecutadas públicamente.

Pero no todas habían practicado realmente la brujería, ni siquiera el mismo tipo de brujería: cualquier comportamiento *herético*, o cualquier cosa que se saliera de lo normal, era considerado como brujería.

Los Aquelarres vascos, ritos provenientes de antiguos cultos y rituales celtas que intentaban acercar al hombre con la naturaleza; las curaciones con hierbas medicinales que practicaban los chamanes hindúes, americanos o africanos; las suertes y juegos adivinatorios; e incluso las prácticas de antiguas religiones, o la creación de sectas que no contaran con el apoyo de las distintas iglesias o monarquías, eran consideradas como actos punibles por ser considerados heréticos, demoníacos y brujeriles.

Y lo mismo daba un mal de ojo que un baile desnudo a la luz de la luna, un sortilegio que el culto a un antiguo Dios, porque todo era metido dentro de un mismo saco y llevado a la hoguera.

A pesar de las persecuciones, la brujería ha sobrevivido hasta nuestros días y la podemos encontrar a la vuelta de la esquina o anunciada en un períodico.

Las religiones oficiales, y la ciencia por supuesto, la toleran. Pero no dejan de considerarla como una superchería maligna para los hombres y contraria a sus propios intereses.

¡Y quién lo sabe! Es posible que en el futuro la brujería vuelva a ser perseguida y masacrada por sus detractores. Confiemos en que no sea así y que el hombre siga teniendo la libertad de elegir sus creencias.

CAPITULO II

¿MAGIA O BRUJERIA?

La única diferencia que se puede destacar realmente entre la magia y la brujería, es que la magia es un poco más ritual y que está mucho más mezclada con los ritos de las religiones oficiales que la brujería.

La magia siempre ha pretendido ser una ciencia oculta más elevada, esotérica y espiritual que la brujería, pero en realidad no es así.

Y si una buena parte de los brujos que existen se hacen llamar magos, es simplemente porque socialmente la palabra magia está mejor considerada que la palabra brujería.

Los *magos* se han dedicado a atender a los reyes, a los cortesanos y a los burgueses ricos, mientras que los brujos y las brujas se han dedicado más a atender a la gente del pueblo.

A la brujería se la relaciona con el Diablo; y a la magia se la relaciona con la jerarquía angelical o con las inteligencias espirituales. Pero ambas siguen el mismo camino: intentar solucionar un problema sin enfrentarlo personalmente.

Ambas persiguen que los seres espirituales nos solucionen

los problemas materiales, sólo que la brujería es más primitiva y llana, y la magia es más ritual y complicada.

La magia trata de darle una explicación lógica a lo inexplicable, mientras que la brujería sólo pide un poco de fe ante lo que no tiene explicación.

La brujería se nutre de la ignorancia del pueblo, es cierto, pero la magia, la religión y la ciencia hacen lo mismo sin aceptar sus propias limitaciones.

Algunos han querido ver en la brujería a la Magia Negra, sin reparar en que la brujería puede ser más blanca que todas las magias, o más negra, porque eso depende de la persona que la practique y no en la supuesta coloración de una o de otra ciencia oculta.

En suma, que la Magia y la Brujería no son tan diferentes en la práctica, aunque pueden serlo en teoría.

Se supone que un mago, para que realmente sea un Mago, debe dominar los elementos: Agua, Aire, Fuego y Tierra, y con ellos al clima y a la naturaleza, por no hablar del dominio sobre su espíritu, su mente y su cuerpo.

En fin, que un verdadero Mago debería ser más santo que todos los santos y más mesiánico que Buda o Cristo.

Los mejores *magos* se conforman con intentar no hacer el mal, sin pararse a pensar que lo que es un bien para unos, puede ser un terrible mal para otros.

Por su parte, brujos y brujas rara vez se cuestionan lo que es el bien y lo que es el mal, y atienden a su clientela sin preocuparse en quién pueda salir dañado.

Ambos tienen su clientela, cobrando, sin cobrar o recibiendo la "voluntad" del cliente, y ambos alimentan su Ego con la veneración de sus seguidores.

De esta manera, el 99,99% de los que trabajan o practican cualquiera de las ramas de las ciencias ocultas, son realmente brujos, o brujas, y solamente un 0,01% desconocido pueden considerarse verdaderos practicantes de la más alta y pura Magia Espiritual, todo lo demás es, de una u otra forma, una práctica brujeril.

Y la práctica brujeril, fuera de los prejuicios sociales o verbales, puede ser perfectamente digna, siempre y cuando el brujo o la bruja que la realicen sean personas dignas.

Y si quieren llamarse a sí mismos curanderos, videntes, magos, chamanes o adivinas, pueden hacerlo con toda libertad, pero sin olvidar que lo que hacen es realmente practicar la brujería, es decir, una serie de actos maravillosos que funcionan por la fe de sus seguidores y por el convencimiento personal.

Algunos lectores pueden pensar que soy demasiado crítico con mis compañeros de profesión, pero no es así en realidad. Yo mismo me considero un aprendiz de brujo que sueña con llegar a ser un Mago de verdad, y respeto muchísimo a todos los que se dedican verdaderamente al difícil arte de la brujería, llámense a sí mismos magos o brujos, con el convencimiento personal y la ayuda que les presta la fe de sus seguidores, clientes o amigos.

Los que sí son criticables, son los fanáticos que piensan que pueden disponer de la vida, la muerte y la voluntad de los demás; o los farsantes y defraudadores que se burlan de la fe de los demás y que sólo tienen el convencimiento personal de vivir sin trabajar.

CAPITULO III

¿QUE ES Y COMO FUNCIONA LA BRUJERIA?

La brujería es la capacidad que tienen ciertas personas de realizar actos extraordinários que rebasan la naturaleza y la realidad cercana del hombre.

Toda persona capaz de intuir certeramente un acontecimiento futuro, pasado o presente, o de transformar la realidad de su medio ambiente a través de personas, hechos o cosas, se puede considerar brujo o bruja.

En cierta forma, todos somos algo brujos. Unos más y otros menos, pero todos tenemos la capacidad de intuir y transformar nuestra realidad inmediata a través de nuestros pensamientos, deseos o actos.

Y ésta es precisamente la forma en que funciona la brujería, a través de la voluntad que expresamos día a día con nuestros pensamientos, deseos o actos.

Pero esta voluntad no sirve para nada cuando nosotros mismos no tenemos fe en ella, es decir, cuando realmente no terminamos de creernos que tal o cual cosa pueda sucedernos de verdad.

Por tanto, necesitamos creernos en verdad que tal o cual cosa que deseamos puede ser posible, con toda la fuerza o toda la inocencia del mundo que nos sea posible.

Sí, la inocencia, o el pleno convencimiento de que suceda una cosa, por absurda que parezca, ayuda mucho a que la brujería funcione y llega a ser incluso más poderosa que la fuerza de voluntad, porque la fuerza de voluntad no siempre puede oponerse a las ruedas del destino, mientras que la inocencia es capaz de realizar el milagro, por adverso o difícil que sea nuestro destino.

Y tened en cuenta que la inocencia, aunque muchas veces vaya de la mano de la ignorancia, no es necesariamente su compañera.

La inocencia es la pureza infantil del alma y no la ignorancia del pensamiento.

Y en el momento que oponemos el pensamiento lógico a nuestro pensamiento mágico, dejamos de lado nuestra inocencia y dificultamos la realización de nuestros sueños.

Nunca debemos dejarnos ganar la guerra antes de empezar la batalla.

No debemos dejar nada por pensar que es imposible.

Tenemos que luchar siempre, día a día, tanto en el campo de lo mágico como en la vida común y corriente.

Nada sucede si no se precipita.

Nada se cumple si no se ha deseado y se ha puesto en marcha de una o de otra manera.

Por eso, la brujería necesita de nuestros deseos, de nuestros pensamientos, de nuestros actos, de nuestra fuerza de voluntad y de nuestra fe, para que funcione.

La mayoría de las veces, la gente *común y corriente* es incapaz de conjugar todos estos elementos, y por ello acude a la consulta de un brujo, de un mago, una vidente o un astrólogo; de una persona que sí sea capaz de conjugar el pensamiento, el acto, la fuerza de voluntad y la fe para que la *magia* funcione.

Cuando esto sucede, es decir, cuando acudimos a un brujo para que nos ayude a resolver tal o cual problema, el brujo se convierte en un medio para que nuestros deseos se cumplan.

El bien y el mal

Y si el brujo es sólo un medio para que se cumplan nuestros deseos, no podemos responsabilizarlo de la buena o la mala marcha de los mismos.

Cuando acudimos a un brujo para que le haga daño a uno de nuestros enemigos, el brujo no cargará con el mal de nuestros actos, seremos nosotros mismos los que responderemos por el mal hecho.

De la misma manera, el brujo no recibirá las recompensas de nuestros buenos deseos cuando los ponga en funcionamiento.

Esta es la razón por la que los brujos no se preocupan por el mal o el bien hecho sobre las personas, animales o cosas, Ellos sólo encausan los deseos de sus clientes.

Y cuando el brujo hace el mal o el bien por sí mismo, entonces sí que se hace responsable de sus actos, quiera o no, pero consciente de que el bien y el mal se encuentran en las ruedas del destino, actuando y equilibrando la rueda de la vida, es decir, que por mucho bien o mal que queramos hacer, tanto el brujo como nosotros tenemos nuestras limitaciones espirituales y materiales.

En lo espiritual no podemos hacer más mal que el que se encuentre en la rueda de la vida,

Y en lo material, no podemos hacer más mal de lo que nos permitan las leyes de los hombres.

Y, de la misma manera, no podemos hacer más bien espiritual del que se equilibra con el mal.

Ni podemos hacer más el bien, de lo que nos permitan los hombres.

De cualquier manera, cuando hacemos el mal, pagamos por ello para equilibrar nuestros actos.

Y cuando hacemos el bien, recibimos un compensación que equilibra el mal que podamos haber hecho, consciente o inconscientemente.

De esta forma nadie puede llamarse a engaño. Tenemos toda la libertad del mundo para hacer el bien o el mal, pero también tenemos toda la obligación del mundo de responder por ello.

¿Dónde termina el bien y dónde empieza el mal?

Nadie lo sabe a ciencia cierta.

Lo bueno para mí puede ser malo para otra persona, y viceversa.

Cuando alguien se enriquece es porque otros se empobrecen.

Una persona puede sentirse perfectamente bien tras cometer un exceso, a pesar de saber que todo exceso es malo.

Es tan tenue y confusa la línea que divide al bien y al mal, que sólo nuestra propia conciencia puede decirnos si hacemos bien o si hacemos mal al actuar de una o de otra forma. Y aun así podemos equivocarnos, una educación errónea puede inducir a nuestra conciencia a cometer diversas equivocaciones.

De cualquier manera, nuestra propia conciencia es la única reguladora de nuestros actos, porque en ella descansa nuestro sentido íntimo del bien y el mal.

¿Dios o el Diablo?

No creo que Dios o el Diablo tengan nada que ver directamente con la brujería, la magia, las religiones o con los buenos y malos actos de la gente.

La religión, la magia y la brujería, como todas las demás expresiones de nuestras culturas, son cosa de los hombres y no de las divinidades.

La excelsitud de Dios nada tiene que ver con nuestros más buenos deseos, somos demasiado poca cosa como para compararnos con la máxima esencia divina. Es decir, que Dios tiene mejores cosas que hacer que prestar oídos a nuestras tonterías.

Y el Diablo es sólo la representación de nuestras limitaciones materialistas, al que tratamos de responsabilizar de todos nuestros vicios y errores.

En suma, que ni Dios ni el Diablo tienen nada que ver con la brujería. Es el hombre quien decide adorar a uno o a otro.

CAPITULO IV

EL DIABLO EN LA BRUJERIA

Para abordar el tema del Diablo dentro de la brujería, tenemos que remitirnos a la Edad Media, cuando la Iglesia Católica calificó de diabólicas las reuniones populares ajenas al seno de la religión.

Toda manifestación festiva que no fue absorbida por la Iglesia, se consideró maligna. Y todo culto que no estuviera dirigido a Dios o a Cristo, incluyendo los desarrollados por otras religiones que no fueran la cristiana, fue considerado diabólico.

Es decir, que todo aquello que no estuviera avalado por la figura de Cristo, tenía que estar avalado forzosamente por la figura del Diablo.

Brahma, Odín, Zeus, Huitzilopochli, etc., por nombrar algunos de los dioses antiguos, eran considerados como representaciones diabólicas.

De la misma manera, los símbolos utilizados en los cultos lunares de los campesinos europeos, fueron considerados cosas del Diablo.

Y los principales símbolos de dichos cultos, obviamente,

eran los animales críados por los campesinos, es decir, las vacas, las ovejas, las gallinas y las cabras.

Cabe mencionar que en aquellas épocas habían más pastores y cuidadores de cabras que vaqueros. Esa es la razón de que los campesinos dedicaran más cultos a las cabras y a las ovejas, que a las vacas y a los toros.

De esta forma, las cabras se erigieron en el principal símbolo de los ritos lunares (danzas y festejos a la luz de la luna llena) y, por tanto, ante los ojos de la Iglesia, en la principal representación del Diablo.

La Mitología griega también nos muestra ciertos precedentes: los sátiros, viciosos y degenerados, tenían, además de su aspecto semihumano, cuernos, piernas, rabo y patas de cabra.

Y en la Mitología Romana, heredera directa de la Griega, podemos encontrar la figura representativa de Saturno: mitad cabra de cintura para arriba, y mitad pez de cintura para abajo.

Bajo el patrocinio de Saturno se desarrollaban en Roma las fiestas saturnales, cargadas de excesos, vicios y diversiones sexuales.

Con estos antecedentes, parece lógico que la Iglesia haya escogido a la cabra como símbolo del Diablo: un ser con cuernos y patas de macho cabrío, tal y como lo podemos ver en el célebre cuadro de Goya.

Pero esto no es todo, algunos monjes y sacerdotes de la Edad Media, deslumbrados por el esoterismo y las ciencias ocultas, practicaron todo tipo de brujerías, *buenas y malas*, desde el mismo seno de sus parroquias.

Las prohibiciones eclesiásticas llevaron a la práctica oculta de estos actos que se fueron degenerando con el tiempo y las persecuciones, llegando a convertirse en una antirreligión que buscaba en el Diablo lo que no podía encontrar en Dios: comprensión, en lugar de castigos, a las debilidades humanas.

La superstición fue ganando terreno a la religión y, dentro de estas prácticas, se invirtieron todos los símbolos católicos, dando lugar a una nueva religión, oculta entre las mismas estructuras del catolicismo: el Satanismo, donde las cruces invertidas, las vírgenes violadas, la espera de la llegada del anticristo y los sacrificios de sangre (de niños, doncellas y animales) sustituyeron a Dios, la Virgen, Jesucristo y a los ritos sacramentales.

La Inquisición persiguió a los satanistas y llevó a algunos de ellos a la hoguera, pero no pudo destruirlos a todos, entre otras cosas porque los satanistas contaban con el apoyo de muchos clérigos y monarcas.

No fueron pocos los astrólogos, satanistas o no, que se salvaron de la hoguera gracias al apoyo de un duque o de un rey.

Pero el pueblo, y el grueso de la brujería, siguieron su camino alejados del satanismo y del verdadero culto al Diablo.

Los Demonios

El Satanismo persiste en nuestros días en varias agrupaciones religiosas.

Algunas de estas agrupaciones no ven en el Diablo a la encarnación del mal, sino a la encarnación del bienestar humano, físico, sensual y materialista.

Es decir, que no consideran al Diablo como al principal enemigo de Dios, sino a un complemento de éste.

O bien, lo consideran como un Dios menor, un Dios más cercano y sensible a los problemas humanos. Un Dios que nos controla y vigila, que nos atiende y castiga, y que nos abre las puertas en el más allá a una idea más elevada de Dios.

Es decir, que consideran al Diablo como al verdadero Dios terrestre: bueno y generoso cuando le complacemos; pero despiadado y terrible cuando no cumplimos su voluntad.

En este sentido, el Diablo no sería más que un Demonio, es decir, un ser divino mitad bueno y mitad malo, misericordioso e irascible, constructor y destructor.

En este mismo sentido, tanto la brujería como las religiones, están plagadas de demonios: seres divinos que responden a la idea humana de la divinidad.

Y esto sucede porque la mente humana no está preparada para concebir a un Dios todo rectitud, todo bondad, infinito, eterno, sin personalidad, sin ego, todo luz y todo pureza, fluyendo en todos los planos y en todos los universos, desde siempre y para siempre, origen y final de todas las cosas creadas y de todas las cosas no creadas, de quien venimos y a quien iremos, sin pensamiento ni identidad propia, como la gota de agua que regresa a la inmensidad del mar.

Nuestra mente sólo es capaz de concebir a un Dios, o a varios, que nos castigará o que nos premiará, pero que siempre mantendrá nuestro sentido de la existencia y nuestro sentido de la personalidad o del ego.

La adoración del hombre no es desinteresada, y si adora a Dios o al Diablo, es porque cree que obtendrá algo de ellos.

Por ello no nos debe extrañar que algunos brujos oren a Dios y al Diablo conjuntamente. O que le pidan a Dios que cause un mal, mientras que le piden al Diablo que nos conceda un bien.

BELZEBU LUCIFER ASTAROTH

La brujería, especialmente en nuestros días, reza a Dios o al Diablo, a un santo europeo o a un demonio africano, o les reza a todos conjuntamente, o le reza a cada uno de ellos en un momento determinado para pedirle un favor específico.

Un brujo, para conseguir lo que desea, le reza a quien sea: a un dios, un planeta, o un demonio.

Un brujo no se detiene a pensar en nada, el pide el bien o el mal para una u otra persona a través del canal que le parece el más adecuado.

Y hace todo esto quizá porque intuye que el verdadero Dios (encarnación del verdadero bien), o que el verdadero Diablo (encarnación del verdadero mal), está demasiado lejos de nosotros y que sólo tiene a mano unos cuantos demonios, tan buenos como malos, que responden a su llamado cuando menciona estos nombres.

Los ángeles, los santos, los dioses antiguos, los gnomos, los duendes, los extraterrestres de mensajes religiosos, los dioses inventados y los distintos espíritus buenos y malos, no son más que demonios que están al alcance, que no siempre al servicio, de brujos y brujas.

CAPITULO V

EL PODER DE LA FE, EL PODER DE LA MENTE O EL PODER DE LAS HIERBAS.

Sirva el presente capítulo para determinar las distintas áreas de acción de la brujería.

Ya habíamos dicho que la brujería funciona por el poder de la fe y por el poder de la mente, pero habíamos reservado este capítulo para hablar del poder de las hierbas y otras sustancias que se utilizan directamente sobre la *víctima.*

El Poder de la Mente

La brujería actúa a través de la mente cuando sucede un hecho extraordinario creado por un deseo personal.

Cuando utilizamos la mente para realizar un acto extraordinario, sin recurrir a fórmulas ni hechizos, ejercemos un poder personal e intransferible. En este caso, toda la responsabilidad de lo que suceda, bueno o malo, es exclusivamente nuestra.

Y con la mente podemos crear sucesos extraordinarios, sí, pero no podemos, como ya había mencionado, transgredir nuestros propios límites en el equilibrio del bien y el mal.

Además, no todas las personas tienen la misma capacidad mental para modificar su realidad sólo por desearlo.

El poder de la mente también actúa cuando recurrimos a ritos, fórmulas y sortilegios. En este segundo caso, la responsabilidad y el poder de nuestras brujerías se comparten con la persona que haya creado dichas fórmulas y sortilegios. Si los inventores de esas fórmulas somos nosotros mismos, la responsabilidad vuelve a ser completamente nuestra.

De la misma manera, cuando nos encomendamos mentalmente a un santo o a un demonio, compartiremos con éste el poder y la responsabilidad de nuestros actos brujeriles.

El Poder de la Fe

No debemos de confundir el poder de la mente con el poder de la fe, porque la fe es más grupal y actúa, generalmente, fuera de nuestro dominio.

Cuando depositamos completamente nuestra fe en un santo o en un demonio, será el santo o el demonio quien decida, de acuerdo a su capacidad, el destino de nuestras peticiones.

Por eso, en el momento en que dejamos nuestro destino en sus manos, también legamos la mayor parte de nuestras responsabilidades a sus respectivos karmas.

Y cualquiera que haya sido el resultado, siempre estaremos en deuda con el santo o el demonio que se ha hecho cargo de nuestras peticiones.

Lo mismo sucede cuando nos entregamos a un grupo, una

religión o una secta: descargamos nuestro vacío espiritual y nuestros deseos de trascendencia sobre sus espaldas, y sea cual sea el resultado, siempre quedaremos debiendo algo a nuestros mentores espirituales.

Y mientras más sean los fieles, o los seguidores, de un santo o de un demonio, más fuerte será su poder para transformar la realidad y satisfacer nuestros deseos, porque dicho santo o demonio se alimenta de la energía y del poder de la fe que tienen todos y cada uno de sus parroquianos.

De esta forma, cuando uno de sus seguidores pide un favor o un deseo, el resto participa entregando su energía, aún sin desearlo, y se convierte en *cómplice* minoritario del hecho.

Los actos de fe son actos de entrega, que comienzan y terminan cuando comienza o cuando termina nuestra creencia; lo que no termina hasta que hayamos equilibrado nuestro karma, son las deudas que hayamos contraído voluntaria o involuntariamente con dichos actos de fe.

La fe es el camino más cómodo de ejercer la brujería, pero también es el más irracional.

El poder de la mente requiere un esfuerzo personal, una fuerza de voluntad propia; mientras que el poder de la mente no requiere otra cosa que no sea la simple creencia.

El Poder de las Sustancias y las Hierbas

El poder de la mente y de la fe pueden llegar a ser relativamente peligrosos, pero difícilmente transgreden los límites del bien y el mal.

Lo que si puede ser realmente peligroso, es el mal uso de las plantas, las hierbas y otras sustancias (como los fluidos menstruales, las bilis tóxicas de ciertos peces, etcétera), porque éstas se administran directamente sobre la *victima*, ya sea por vía oral o por vía epitelial.

Las hierbas y otras sustancias tienen un poder curativo que no requiere del poder de la mente ni del poder de la fe necesariamente.

La belladona adormece sin que nuestra fe o nuestra mente se lo indiquen.

Los hongos alucinógenos nos hacen *viajar* a otras dimensiones sin la intervención de las fuerzas divinas o demoníacas.

El éxtasis de las pitonisas en la antigua Grecia, o las visiones de las brujas en los aquelarres del País Vasco del Medioevo español, estaban producidos por el poder de las hierbas y no por el poder de la fe o de la mente. Y si veían al Diablo, a la Virgen, a Apolo o a Afrodita, era porque ya los llevaban en la mente o porque ya creían en ellos, pero no por el poder de las hierbas. Las hierbas simplemente les producían alucinaciones.

También existen ciertas sustancias químicas dentro de nuestro organismo que se activan cuando entramos en ciertos estados de ánimo.

Estas sustancias, como las hierbas alucinógenas, son capaces de provocarnos visiones de espíritus angelicales o de terribles monstruos, todo depende de lo que llevemos en la cabeza y de nuestras creencias.

El discurso de un hábil pastor evangelista, las sutiles palabras de un mago, la oratoria de un lider, etc., pueden poner en marcha una serie de reacciones químicas orgánicas que nos produzcan, desde un estado de conciencia alterada hasta una visión milagrosa.

Incluso las sustancias que produce nuestro propio organismo

pueden resultar lesivas o peligrosas, aunque el efecto de ciertas hierbas, como la mandrágora, es infinitamente más lesivo y peligroso que cualquiera de nuestras reacciones químicas internas.

Los brujos y las brujas, a través de los tiempos, han ido aprendiendo, y otros muchos olvidando, el poder de las hierbas. Y no han dudado en utilizarlas cuando lo han querido.

El poder de las hierbas y de otras sustancias es mucho más efectivo, dentro de la brujería, que el poder de la mente y que el poder de la fe juntos, tanto para bien como para mal.

Por eso, particularmente pienso que la brujería que utiliza hierbas tóxicas para conquistar favores o para atontar a los enemigos, debería estar legalmente prohibida. La brujería que mal utiliza las hierbas podría ser comparada con el envenenamiento.

La mandrágora puede enloquecer a una persona, porque tiene la capacidad de destruir a las neuronas, y ya sabemos que las neuronas no se pueden recomponer.

Todos conocemos los resultados del mal uso de la cocaína y de la heroína.

Un exceso o mala combinación de hongos alucinógenos puede dejar *colgada* a una persona para siempre.

El toloache, una hierba mexicana, anula la voluntad. Lo mismo sucede con la ingestión de los fluidos menstruales.

Los científicos negaban la existencia de los zombies hasta que descubrieron que para dicho fin, es decir, que para convertir a una persona en zombi, se utilizaba la bilis del pez globo, que resecada y convertida en polvo es capaz de provocar en la persona un estado muy parecido al de la muerte.

Y lo peor de todo, es que cualquier persona puede servirse de las hierbas para causar el bien o el mal a las personas que tiene cerca, sin necesidad de recurrir a los ritos y a los *poderes* que preponderan los brujos.

Los brujos y brujas que realmente saben del tema, realizan sus ritos y sus preparaciones, apoyándose en el poder de la mente y en el poder de la fe, para lograr un elixir funcional y seguro, que nos ayude a conseguir nuestros deseos, pero que dañe a otras personas.

Por desgracia, este tipo de brujas y brujos es escaso. Las tradiciones han ido dejando su lugar a los desaprensivos y a los oportunistas.

CAPITULO VI

LOS SACRIFICIOS

Dentro de las estructuras más clásicas de la brujería se encuentran los sacrificios o los ritos de sangre.

Desde hace miles de años se vienen sacrificando todo tipo de animales a los dioses para recibir los favores pedidos.

Miles de niños, doncellas y guerreros han sido sacrificados a distintas deidades.

Se cuenta, incluso, que muchas de las víctimas de los sacrificios aceptaban el amargo trago como una distinción honorífica. Sí, era un verdadero honor ser sacrificado a tal o cual dios, una distinción que no todos podían alcanzar.

No cabe la menor duda que la brujería tomó, o preservó, el ejemplo de esas antiquísimas culturas, pero dejando de lado, en la mayoría de los casos, los sacrificios humanos.

Aún hoy en día, muchos brujos sacrifican gallinas, terneras, borregos, cerdos, toros, etc., para conseguir que sus brujerías tengan éxito.

Y, por desgracia, de vez en cuando podemos leer en las

páginas de sucesos que alguna persona ha asesinado a otra para sacarle el Diablo o para entregarlo a Satán.

Existen otros sacrificios humanos de sangre que no tienen un desenlace fatal.

Aún es usual que dos personas se hagan un corte superficial para hacerse hermanos de sangre. O bien, que una persona se pinche con un alfiler para firmar un pacto con su propia sangre.

Algunos brujos entregan un cuarto de su sangre al Diablo, o colocan un cuarto de su sangre sobre el altar donde realizan sus trabajos de brujería.

La sangre es un elemento importante en la brujería, porque la sangre es la que lleva la vida a todo el organismo. Y por supuesto, el corazón siempre ha sido uno de los bienes más preciados dentro los sacrificios de sangre.

Los aztecas ofrecían el corazón de sus guerreros y de sus doncellas a los dioses.

Durante siglos se pensó que el alma, el amor y los buenos sentimientos se expresaban a través del corazón. Durante milenios se pensó que en el corazón radicaban la fuerza, la valentía y el coraje.

Tener buen o mal corazón, aun hoy en día, significa ser buena o mala persona.

El corazón es la bomba más potente que se conoce: bombea cientos de litros de sangre todos los días de nuestra vida.

Y en los antiguos sacrificios, se valoraba que el corazón siguiera latiendo después de haber sido extraído de la persona sacrificada.

Pero no todos los sacrificios son de sangre. Cualquier renunciación, cualquier ofrenda es válida: una vela encendida, una figura de cera o de arcilla, un trozo de pan, un poco de pelo, un objeto personal valioso, etcétera.

Muchos pueblos, a pesar de las prohibiciones eclesiásticas, siguen ofreciendo sacrificios personales a los santos (o a los nuevos dioses que han sustituido a sus antiguas divinidades).

El ejemplo de Cristo está lleno de sacrificios, y los brujos, ni lerdos ni perezosos, han copiado algunos de ellos, de la misma manera que lo han hecho muchos monjes.

Las autoflagelaciones, las duchas de agua fría, el caminar de rodillas un par de kilómetros, el ponerse coronas de espinas, etc., son sacrificios personales que buscan el milagro que satisfaga un deseo.

¿Por qué se realizan los sacrificios?

Los sacrificios se realizan para *pagar* el favor demandado.

Un sacrificio es un pago por adelantado.

Las personas piensan que con un sacrificio se puede convencer más fácilmente a los espíritus, que un sacrificio puede coaccionar la voluntad de un dios o de un demonio.

Sacrificarse es una forma de pedir dando algo a cambio.

El sacrificio, piensan los que lo realizan, dignifica a las personas delante de las jerarquías celestiales.

La abstinencia sexual es un sacrificio.

El dejar de comer carne de tal o de cual animal, es un sacrificio.

Incluso el portarse bien, para el grueso de la humanidad, es un sacrificio.

El que una persona entregue su vida a una causa, es un sacrificio.

Los santos han sacrificado su existencia terrenal para hacer el bien a sus hermanos.

El mismo Cristo se sacrificó por la salvación de la humanidad.

Y a pesar del buen cartel que tiene el sacrificio, no deja de ser un acto de egoísmo personal.

El sacrificio nunca es desinteresado.

Todo el que se sacrifica espera una recompensa: quien sacrifica su materia, espera ver recompensado su espíritu.

Incluso el acto de vender el alma al Diablo es un sacrificio, porque se entrega el alma inmortal por unos cuantos años de placer.

Y el sacrificio, dentro de la brujería, tiene la misma importancia que en las religiones, es decir, ninguna.

El sacrificio puede aliviar nuestra conciencia, pero es nuestra fe quien en última instancia hace posible el milagro.

El sacrificio no ayuda realmente a que se cumplan nuestros deseos.

Las Promesas

Lo que sí puede favorecernos, es el sacrificio de cumplir nuestras promesas una vez que hayamos alcanzado nuestro deseo, porque el cumplir una promesa nivela y equilibra nuestro sentido del bien y el mal, pero nada más, porque tampoco nos sirve de nada pensar que estamos pagando el favor recibido al cumplir con nuestra palabra.

Le podemos pagar al brujo, le podemos entregar la mitad de nuestras ganancias a un amigo, pero nunca podremos pagar materialmente los favores recibidos desde otra esfera dimensional.

NE LOQUA
RIS DE DEO
ABSQ·LV·
MINE·
HOC HOC AGEN TIBUS.
NOBIS ADERIT IPSI DEUS.
DISCE BENE MORI
Adonai
Saday
Eloy
Agla

Lo que recibamos en esta tierra, en esta tierra quedará cuando muramos, así que nada tenemos que pagar por ello a los ángeles o a los demonios.

Pero el prometer excita nuestra fe; y el cumplir dicha promesa nos hace sentirnos satisfechos de nosotros mismos.

Los ángeles y los demonios no se alimentan de nuestras velas, de nuestras limosnas o de nuestros sufrimientos; se alimentan de nuestra fe y de nuestra energía. Y muchas veces, al prometer, o al cumplir una promesa, lo que hacemos realmente es creer en ese ángel o en ese demonio. Y muchas veces, al sacrificarnos, hacemos exactamente lo mismo: entregar nuestra fe y nuestra creencia de una forma dramática y teatral, como para convencernos a nosotros mismos de que lo que hacemos tiene una sólida validez.

En síntesis, que el sacrificio y las promesas no sirven de nada, pero ayudan al creyente a hacer más llevadera su petición.

Por eso, ni recomendamos ni desestimamos las promesas y los sacrificios. Cada brujo y cada persona es libre de recurrir a ellos o no. Pero dejad que insista en que la brujería funciona mejor mientras menos complicada sea: los pesados ritos son cosa de Magos y de eclesiásticos.

CAPITULO VII

EL MAL DE OJO Y LAS MALDICIONES

Durante muchísimos años, las ciencias ocultas, pero principalmente la brujería, se han convertido en el refugio ideal de las mentes débiles y perturbadas.

Qué mejor pretexto para un paranoico que alegar males de ojo para quedar como una pobre víctima de brujas, brujos y gente que le envidie.

Qué mejor pretexto para un esquizofrénico que alegar que ha atacado a tal o cual persona porque ha visto al Diablo en ella.

¿Cómo deshacerse de un enemigo en la Edad Media?

Pues acusándole de brujo.

¿A quién echarle la culpa si las gallinas no ponen suficientes huevos?

Pues al vecino que les ha echado mal de ojo.

Y si le pasa algo malo a los enemigos, pues a sentirse poderosos viviendo en la creencia que las maldiciones lanzadas han dado en el blanco.

Muchas son las gentes que atribuyen todos los días su mala suerte, o su mal hacer, a las maldiciones, al mal de ojo y a las brujerías en general.

Sí, las brujerías son un pretexto ideal para justificar los errores propios y ajenos.

La pereza mental es el campo de cultivo de las brujerías, maldiciones y males de ojo inventados.

La brujería ha causado más males imaginarios que cualquiera de las ciencias ocultas.

Y lo que es más grave, la brujería, sin quererlo, ha dado al traste con el equilibrio mental de miles de personas enfermas psíquicamente.

En este sentido, la brujería sigue siendo un peligro, porque una persona con ciertos desequilibrios psíquicos puede terminar en el caos y la locura después de entrar en contacto con ella.

Este es el peor mal de ojo y la peor maldición de la brujería.

En otras palabras, la brujería, para no ser nociva, debería ser practicada sólo por gente mentalmente sana.

Una persona que utilice la brujería para maldecir a su vecino, o para hacer mal de ojo al hijo de su vecina, no es una persona mentalmente sana.

Y, de la misma manera, una persona que se está preocupando a cada minuto de la posibilidad de que alguien le haga daño a través de la brujería, no es una persona mentalmente sana.

Y sin embargo, sucede

Y, sin embargo, el mal de ojo y las maldiciones suceden y funcionan como una práctica habitual de la brujería.

Aunque no es necesario que alguien sea brujo o bruja para maldecir a otra persona.

El mal humor, la rabia o la impotencia son más que suficientes para formular una maldición.

La envidia, el odio y el egoísmo son suficientes para dar lugar a un mal de ojo. Hasta un simple deseo o un antojo no cumplido, puede llevarnos a realizar un mal de ojo sobre el objeto deseado.

Pero, ¿cómo funcionan las maldiciones y el mal de ojo?

Pues con la simple intención de la persona que las realiza.

Basta con desear el mal a alguien para que el mal empiece a funcionar.

Sí, basta con desearlo, pero no es suficiente.

Una maldición, o un mal de ojo, necesita, además del esfuerzo de mala voluntad del emisor, del miedo del receptor.

El miedo es el único alimento del mal.

De esta forma, si una persona se impresiona o asusta al oír una maldición o al sentir una mirada de odio o envidia, la maldición o el mal de ojo causarán un efecto más patente.

Y, de la misma manera, si la persona no se impresiona ni asusta con las maldiciones o miradas de odio, éstas no tendrán el menor efecto patente.

No importa lo elaborada que sea la maldición ni lo profunda que sea la mirada, si la persona no se espanta con ellas su efecto apenas si será perceptible.

Pero si la persona se asusta, hasta la maldición más infantil o la más simple mirada de envidia, tendrán un fuerte efecto.

CAPITULO VIII

LOS ASTROS Y LA BRUJERÍA

Con este capítulo sólo queremos dejar bien claro que no es necesario ser astrólogo, ni estar muy empapado de astrología para comprender y practicar la brujería.

Basta con saber un poco el signo astrológico al que se pertenece para saber que tanta capacidad se tiene para las artes ocultas, o para saber en qué época del año o en qué día de la semana nos funcionarán mejor.

Por ejemplo:

Aries tiene buena capacidad brujeril y sus encantamientos surtirán mayor efecto los martes y los meses de abril y noviembre.

Tauro no tiene gran capacidad para la brujería, pero sus conjuros surtirán mayor efecto los viernes y los meses de mayo y octubre.

Géminis su capacidad para las brujerías es intermitente, y funciona mucho mejor los miércoles y los meses de junio y septiembre.

Cáncer tiene una gran capacidad para todo tipo de brujerías, ès más, Cáncer está considerado como el signo de las brujas. Tiene poder todo el año y todos los días, pero le favorecen más los sábados, los días de luna llena, los días de luna nueva y el mes de julio.

Leo tiene más imaginación que poder, y su mayor capacidad se expresa los domingos y el mes de agosto.

Virgo tiene más capacidad para la religión que para la brujería. De cualquier manera, su mejor día es el miércoles y sus mejores meses son junio y septiembre.

Libra apenas si tiene capacidades brujeriles, capacidades que puede expresar más intensamente los viernes y los meses de mayo y octubre.

Escorpio tiene una gran capacidad de realizar brujerías destructivas. Y su poder se ve aumentado los martes y los meses de abril y noviembre.

Sagitario goza de una buena fuerza espiritual para hacer brujerías positivas. Su fuerza espiritual se expresa mejor los domingos y en los meses de marzo y diciembre.

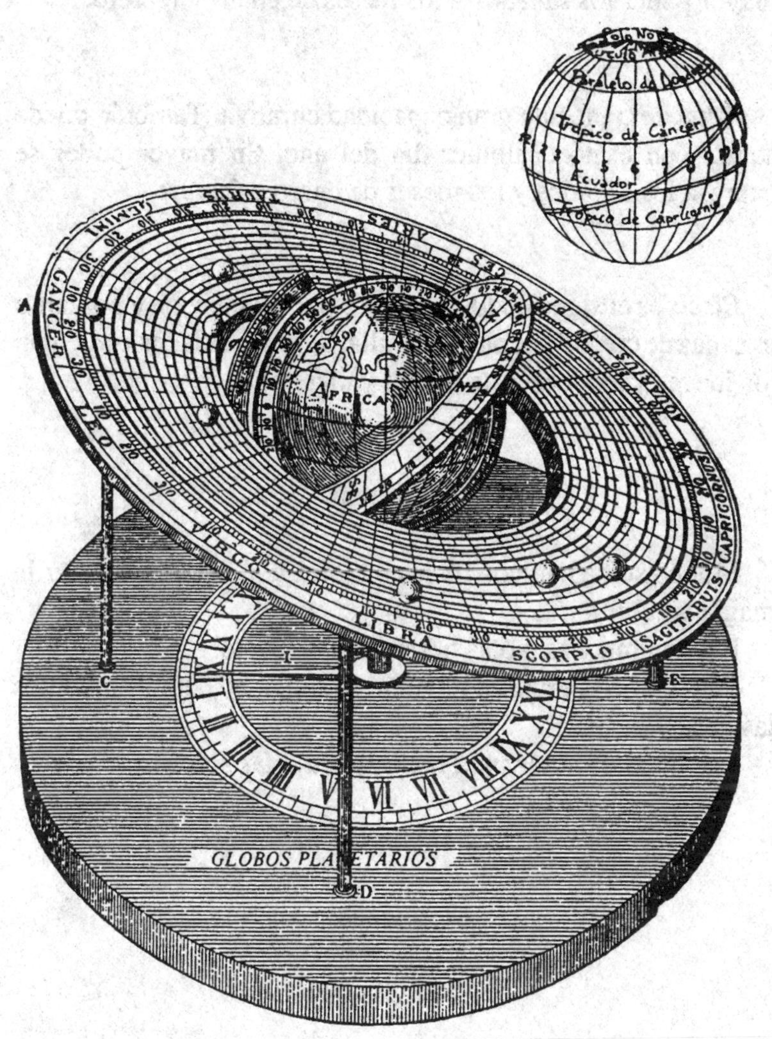
Trópico de Cáncer
Ecuador
Trópico de Capricornio
GEMINI
TAURUS
ARIES
CANCER
LEO
VIRGO
LIBRA
SCORPIO
SAGITARUIS
CAPRICORNUS
AQUARIUS
EUROP
ASIA
AFRICA
A
C
D
E
I
GLOBOS PLANETARIOS

Capricornio es el signo de los brujos y goza de grandes poderes. Puede actuar en cualquier fecha con éxito, pero goza de mayor poder los sábados y los meses de enero y febrero.

Acuario tiene una gran capacidad curativa. También puede actuar con éxito cualquier día del año. Su mayor poder se expresa los sábados y los meses de enero y febrero.

Piscis es el signo de los médiums por excelencia, y por tanto es capaz de contactar con el más allá. Sus capacidades aumentan los jueves y los meses de marzo y diciembre.

Las Horas

Mucho se ha hablado de las mejores horas para practicar la magia y la brujería.

Existen muchas tablas horarias al respecto.

Pero como la brujería requiere simplicidad, simplifiquemos las cosas.

Las mejores horas para realizar brujerías son:

La Media Noche

El Amanecer

El Medio Día

Y el Atardecer

Los Días y los Meses

Y los mejores días son simplemente los de luna llena o los de luna nueva. Los de luna llena preferentemente para los trabajos positivos y los de luna nueva preferentemente para los trabajos negativos.

Además de esto, los días de la semana tienen por sí mismos, junto con los meses, unas virtudes propias para realizar los distintos trabajos de brujería.

Los lunes sirven para todo tipo de brujerías.

Los martes son propicios para conseguir propiedades o para destruirlas. También tienen relación con los accidentes y con la cirugía, tanto positiva como negativamente.

Los miércoles son propicios para las curaciones menores; para incentivar las comunicaciones y para lograr favores; también son propicios para interrumpir la buena marcha de unas negociaciones; muchos delincuentes se amparan en este día, porque también es un día favorable para las estafas y los fraudes.

Los jueves son propicios para los estudios, los papeleos y las cuestiones legales, tanto en su aspecto negativo como en su aspecto positivo.

Los viernes son propicios para todos los trabajos de amor y sexo; para regular o para obstruir la fertilidad; y para favorecer o desfavorecer a los niños y a los embarazos.

Los sábados favorecen a todo tipo de brujerías, pero son más propicios para las que afecten a la salud o a la profesión, positiva o negativamente.

Los domingos son propicios para dar o para quitar energía. Los juegos de azar y las actividades artísticas pueden favorecerse, o entorpecerse los domingos.

Los lunes están relacionados con el mes de julio, por tanto, en julio se pueden hacer todo tipo de brujerías.

Los martes están relacionados con abril y con noviembre.

Los miércoles están relacionados con junio o septiembre.

Los jueves están relacionados con diciembre y marzo.

Los viernes están relacionados con mayo y octubre.

Los sábados están relacionados con enero y febrero.

Y los domingos están relacionados con el mes de agosto.

Según algunos brujos, los únicos días *prohibidos*, o días de protección, son los días de Eclipse Solar, porque se supone que ese día los demonios andan sueltos sin obedecer a nadie, causando estragos por toda la tierra. Los días de Eclipse Lunar son menos negativos.

Pero no faltan los brujos que piensan que los días de eclipse, especialmente los de eclipse solar, son los días más apropiados para realizar las más poderosas brujerías.

CAPITULO IX

PIEDRAS, VELAS Y OTROS TALISMANES

Los magos tienen la costumbre de acompañar sus ritos con una serie de objetos que aumenten el poder de su magia.

Con estos objetos, además de potenciar la magia, pretenden protejerse de los malos espíritus y mejorar el contenido esotérico de sus ritos.

Usan una túnica, un altar, una espada, un grimorio (libro con los sellos y características de los demonios, y con las oraciones o conjuros que utilizarán), un mantel, una vela, un poco de agua, un poco de tierra, un poco de sal, una vara o un bastón, algunas hierbas y un perfume; todo dependiendo del tipo de trabajo que intentarán realizar.

Pero los brujos, en realidad, no necesitan nada de esto aunque lo utilicen ante el cliente.

Estos talismanes son sólo un refuerzo, como las cartas de Tarot que utiliza la vidente.

Es curioso como algunos libros recomiendan el uso del diamante o de las esmeraldas para tal o cual trabajo de magia o brujería, sin tener en cuenta que las personas que dispongan de un diamante o de una buena esmeralda, no necesitan apenas de la magia o de la brujería.

Otros libros aconsejan el uso de oro o plata, incurriendo en el mismo error.

Y no faltan los que dicen que consiguiendo ciertos materiales: ojos de sapo, pergaminos virgenes, pieles de doncellas, hierbas poco usuales o prohibidas, se pueden realizar verdaderos milagros, cuando el milagro sería que pudiéramos conseguir dichos materiales.

Todo eso es una parafernalia inútil, a veces impresionante, pero inútil.

Parafernalia que se puede suplir perfectamente, para efectos de refuerzo, con talismanes mucho más sencillos: los colores.

El blanco, que en realidad no es un color, sirve para suplir a todos los colores. Una vela blanca sirve para suplir a todas las velas de colores. Una piedra blanca sirve para suplir a todas las piedras, etcétera.

Además, el blanco es el color tradicional de la pureza y el bien; de la luna y el alma; del poder mental y la inocencia.

El "color" blanco se relaciona con el día lunes, el mes de julio y el signo astrológico de Cáncer.

El negro, que tampoco es un color, sirve también para suplir a todos los colores, especialmente en su aspecto negativo.

Generalmente se relaciona con lo malo y con lo negativo; con el poder y la tiranía; con la malicia y la astucia. Pero no siempre es así, para algunos representa disciplina, esfuerzo, potencia, absorción y concentración.

El negro es el "color" de Capricornio y Escorpio, de los meses de enero y noviembre, y de los días sábado y martes.

El gris es el color de la mente, de lo intelectual, del pasado y del futuro; es la mezcla de la intuición y la disciplina; del bien y el mal; y, por tanto, de la humanidad.

El gris afecta a todos los signos, pero se relaciona especialmente con Acuario, el mes de febrero y el día sábado.

El color azul representa al sentimiento y la sensualidad; al arte y la estética; a lo social y al orden.

Se relaciona con los signos de Tauro y Libra, con los meses de mayo y octubre y con el día viernes.

El color rojo representa a la ira, la guerra, la sangre y los accidentes, pero también representa el espíritu de lucha, el ímpetu, el esfuerzo dirigido, lo constructivo y lo religioso.

Se relaciona con los signos de Aries y Sagitario, con los meses de abril y diciembre, y con los días martes y jueves.

El color amarillo representa al orgullo, la soberbia, la religiosidad, el detallismo; pero también representa a la imaginación, la creatividad y las diversiones; a la buena y la mala suerte.

Se relaciona con el signo de Leo, con el mes de agosto y con el domingo.

El color verde representa al intelecto, el estudio, las comunicaciones, el amor familiar, las habilidades artesanas, la fertilidad, el trabajo, el servicio; pero también representa a los celos, la envidia, la hipocresía y la inmadurez.

El color verde es el *más humano*, y por eso también se le relaciona con la medicina, la esperanza y la resignación.

El color verde influye sobre toda la humanidad, pero afecta más directamente a los signos de Géminis y Virgo, a los meses de junio y septiembre, y al día miércoles.

El color lila representa la intuición, el sexto sentido, el sacrificio, el sufrimiento, los poderes paranormales, la mediumnidad, el genio, la música.

Influye sobre Cáncer y Acuario, pero se relaciona principalmente con Piscis, el mes de marzo y el día jueves.

El resto de los colores, incluyendo al verde y al lila, no son más que mezclas de los colores primarios, y al utilizarlos en brujería no estamos haciendo otra cosa que mezclar sus virtudes y sus relaciones.

Pero insisto, los colores no son más que un refuerzo, un apoyo visual y ritual de la brujería, que sirven para sustituir a otros talismanes.

Las Velas

Las velas deben utilizarse sólo en trabajos de brujería específicos, es decir, no son siempre necesarias.

Las velas representan el poder del Fuego, la iluminación y el contacto con el mundo espiritual.

Las velas se relacionan principalmente con los valores de los signos astrológicos de Fuego: Aries, Leo y Sagitario.

Las Piedras

Las piedras, preciosas o no, las tierras, las arenas, las arcillas, y todo tipo de plantas y minerales, representan al poder de la Tierra; poder que otorga lo fértil y lo material.

Y se relacionan principalmente con los valores de los signos astrológicos de Tierra: Tauro, Virgo y Capricornio.

Los Perfumes

Los perfumes e inciensos representan al poder del Aire, que favorece al intelecto y a las distintas relaciones humanas.

Y se relacionan principalmente con los valores de los signos astrológicos de Aire: Géminis, Libra y Acuario.

El Agua

El agua, y a veces también la sal marítima y algunas plantas acuíferas, representan el poder del Agua: la intuición, el psiquismo y las relaciones con el más allá.

Se relacionan principalmente con los valores de los signos astrológicos de Agua: Cáncer, Escorpio y Piscis.

Y, permitidme que vuelva a insistir, tomad en cuenta que estos talismanes pueden servir para trabajos de brujería muy puntuales o muy directamente relacionados con éstos. Pero no son estrictamente necesarios.

La brujería recorre a otros elementos mucho más simples, como podremos ver en la segunda parte de este libro, para llevar a cabo sus hechizos, sortilegios y encantamientos.

SEGUNDA PARTE

RECETARIO

CAPITULO I

CONJUROS DE AMOR

Para recuperar al ser amado I

Tomad un objeto del ser amado
y ponedlo bajo la cama
el viernes al atardecer.

Acostaros procurando
conciliar el sueño.

Despertaros a la media noche
y llamadlo en voz baja:
"Ven, ven, vuelve conmigo,
porque parte de tu ser
se encuentra aquí".

Repetid la oración tres veces
y tratad de soñar
con la persona amada.

Repetid el conjuro
cada viernes
durante un ciclo de luna.

Y durante todo este tiempo
recordad sólo los momentos felices
vividos con la pareja.

Antes de que termine la semana
posterior al último conjuro,
la persona amada se pondrá
en contacto contigo.

Para recuperar al ser amado II

Cada vez que enciendas un cigarro
repite mentalmente:
"Ven, ven, corre que te espero.
Ven, ven, no puedes huir.
Ven, ven, y que tu destino
te muestre el camino de volver a mí".

Este conjuro provocará
tal ansiedad en el ser amado,
que no tardará en volver.

1497
O·G·H

Para recuperar al ser amado III

Enciende una vela de color rosa
y otra de color verde
al amanecer el primer
viernes del mes,
y deja que se consuman
de tal forma que sus
ceras se unan.

Al amanecer el viernes próximo
grava tu nombre y el suyo
sobre los restos de las velas
consumidas la semana anterior,
pon encima de tu nombre
otra vela rosa;
y sobre el nombre de
la persona amada,
pon la vela azul.

Une ambas velas
por su base
con un cordel dorado,
déjalas consumir
y durante todo ese día,
imagínate y desea con todas tus fuerzas
que el ser amado vuelve a ti.

Esto sucederá a la semana siguiente.

Para conservar al ser querido I

Dale todo tu amor,
pero con medida.

Y cuando duerma
di mentalmente que no le quieres
y que no piensas pasar toda la vida
a su lado.

Repite mentalmente estas palabras
hasta que el sueño de tu pareja
se note inquieto.

Entonces, dile mentalmente
que se tranquilice,
que le amas con toda tu alma
y que le amarás siempre
si no te abandona.

Al otro día tu pareja
se levantará más amorosa
que nunca.

Siempre que dudes
de la fidelidad o constancia
de tu pareja,
recurre a este simple
pero efectivo conjuro.

Para conservar al ser querido II

Regálale cosas hogareñas:
calcetines, zapatillas, etcétera.

Y cada vez que le hagas
uno de estos regalos,
repite mentalmente:
"Recibe este presente
como un lazo más
que te une a este hogar,
que te une a mí".

Si realizas este conjuro
con diligencia,
por mal que vayan las cosas
tu pareja no se atreverá
a separarse de ti.

Este conjuro también te servirá
para lograr el matrimonio
con tu novio
o con tu novia.

Para conservar al ser querido III

No te hagas fotografías
con tu pareja antes de la boda.

Esto puede hacer infeliz
tu matrimonio
o terminar con él.

En caso de que te las hagas,
inscribe en el reverso:
"Unidos para siempre",
y guarda la fotografía
junto a tu ropa interior.

Si ya estas casado, o casada,
toma dos fotografías
en las que te encuentres
con tu pareja.

Quema una de las fotografías
y guarda sus cenizas junto a la otra
dentro de una cajita.

Así estaréis unidos
hasta que la muerte os separe.

Para conquistar a un hombre

Si todos tus encantos
han fallado,
un día de luna llena
lima tus uñas
y guarda el polvo
que de ellas quede.

Toma el polvo
y guárdalo en una cajita
por espacio de siete días.

Y cada noche de estos siete días
pasa la cajita por todo tu cuerpo
diciendo continuamente:
"En ti deposito la esencia
de mi amor,
trae a mí la esencia del amor
de la persona que deseo"

Guarda la cajita hasta que tengas
la oportunidad de verter
su contenido en alguna bebida
que tome la persona deseada.

A partir de que haya ingerido
la bebida,
la persona amada
se sentirá enamorada de ti.

Para conseguir el amor de una mujer

Consigue una hebra de pelo
de la persona amada
y únela con una hebra
de tu propio cabello.

Ata esta pequeña trenza
a un anillo dorado o de oro.

Pon el anillo dentro
de una bolsita roja
con el forro rosa.

Lleva la bolsita
cerca del corazón.

De esta manera
la persona amada
latirá al ritmo de tu corazón
y se sentirá atada a ti.

Para conquistar a una mujer II

Haz ejercicio hasta sudar
y toma unas gotas de tu sudor.

Introduce estas gotas de sudor
en un perfume femenino.

Deja reposar la mezcla por
un espacio de siete días
y un viernes por la tarde
regálale el perfume
y pídele que se ponga
unas gotas en tu presencia.

Una vez que se haya puesto el perfume,
la mujer se sentirá
unida a tu esencia.

De esta forma despertarás
su amor por ti.

Los Filtros de Amor

Para hacer un filtro de amor, al margen de las antiguas y oscuras fórmulas de los brujos del pasado, se necesitan esencialmente algunos fluidos personales:

El sudor

Las lágrimas

La saliva

La sangre

Y los fluidos genitales

Recordad que el fluido menstrual es peligroso y que puede anular la voluntad de la persona amada.

Además de estos fluidos, existen otros elementos corporales que sirven para atraer a la persona amada:

10
10
10

Las uñas

Las legañas

Los cabellos

Los vellos

La piel

Y el vello genital

Este último debe estar limpio de excreciones menstruales.

Y, aunque parezca increíble, las heces y la orina también son muy efectivas en los filtros de amor, si bien es cierto que pueden provocar contagios infecciosos.

Las hierbas, los alimentos, las bebidas, los perfumes y las piedras en forma de colgante o de anillo, son sólo los medios que nos ayudan a que la persona amada contacte con nuestros fluidos corporales.

Uno de los mejores medios de la actualidad, desconocido por los magos occidentales de la Edad Media, es el chocolate.
El chocolate contiene una sustancia química que produce en los humanos una sensación muy parecida al enamoramiento.
Unos bombones de chocolate impregnados con nuestro sudor, son un magnífico filtro de amor.

Muchos de los perfumes que se fabrican en la actualidad son verdaderos filtros de amor que actúan sobre el olfato amoroso del sexo opuesto.

Algunos de los perfumes masculinos contienen hormonas sexuales de cerdo, muy parecidas a las de los hombres, y son capaces de despertar el libido de las mujeres.

Y algunos perfumes femeninos, contienen hormonas sexuales femeninas que causan verdaderos estragos sobre los instintos amorosos de los hombres.

En muchos laboratorios la brujería se ha convertido en una técnica que funciona todos los días.

Conjuros de sexo

Los conjuros de sexo son muy parecidos a los conjuros de amor porque la humanidad confunde frecuentemente al amor con el sexo.

En los conjuros sexuales sólo hay que añadir un elemento sexual a la pócima o al conjuro, por ejemplo: en lugar de sudor, utilizar algún fluido genital; y en lugar de cabellos normales, usar vello púbico.

También hay que mentalizarse con mayor fuerza e impulso, con mayor vehemencia.

Y tened en cuenta, que a pesar de la vehemencia, los conjuros de sexo son menos duraderos que los conjuros de amor.

La visualización mental

La visualización mental sirve para todo tipo de brujerías.

En los casos del amor y del sexo, la visualización simplemente se enfoca hacia estos campos.

¿Cómo funciona?

Pues hay que hacer un pequeño, o grande, esfuerzo de imaginación, porque la visualización es un ejercicio mental.

Hay que imaginarse primero una pantalla.

Una vez que la tengamos en la mente debemos organizar sobre ella la historia que deseamos vivir, es decir, hay que imaginar, de la forma más realista posible, que en la pantalla aparecemos al lado de la persona amada, en la situación que deseemos: amor, sexo, amistad o simple compañía.

Mientras más realista sea nuestra imaginación tenemos más posibilidades de que nuestras intenciones se conviertan en realidad.

Velas, piedras, etcétera

Para los conjuros de amor, lo mejor es que las velas y las piedras tengan un color rosa, rojo o azul celeste, pues estos son los colores que mejor se relacionan con los sentimientos y las pasiones.

El azul y el rosa para los sentimientos, y el rojo para las pasiones, obviamente.

El mejor día para el amor es el viernes y el mejor día para la pasión es el martes.

Y no olvidéis que el día lunes y el color blanco pueden sustituir a todos los días y a todos los colores.

¿Qué pasa con los nombres de los ángeles y los demonios tan invocados en todos los libros de brujería?

No pasa nada, no son realmente necesarios.

Y no son necesarios porque al trabajar en un día, con un color, o sobre un tema determinado, los ángeles y los demonios de ese día, ese color, o ese trabajo determinado, ya se sienten lo suficientemente aludidos.

Así que si lo queréis, utilizad los nombres de vuestros ángeles o demonios favoritos.

Y no es que que quiera guardar algún misterio o algún secreto prohibido, nada más lejos de mi intención.

Lo que sucede es que realmente los considero innecesarios, por una parte, y peligrosos por la otra.

¿Por qué peligrosos?

En primer lugar porque los principiantes, y muchas veces los adelantados, no están preparados para enfrentarse a cosas que rebasen su naturaleza humana.

En segundo lugar, porque las personas con alguna deficiencia mental pueden encontrar en la brujería, y sobre todo en los demonios, el refugio y el pretexto de su incapacidad.

Los demonios pueden hacer cosas que a los humanos nos parecen extraordinarias, pero no son tan inteligentes como suponemos. Y lo mismo les pasa a los ángeles.

Recordad a toda esa gente que en algún momento del pasado, o del presente, han jurado que el mundo se iba a acabar en tal o cual fecha determinada porque se los había dicho un demonio, un ángel o un extraterrestre. Con el resultado de que en dicha fecha no pasaba nada de nada.

Y en tercer lugar, porque los ángeles y los demonios suelen influir demasiado en los temores de nuestra propia mente.

Si tememos verlos monstruosos, los veremos monstruosos. Y si tememos verlos divinos, los veremos divinos. Sin que su aparente monstruosidad, o divinidad, se correspondan con la realidad.

Estos son los peligros, peligros que viven desde siempre en las partes ocultas de nuestra mente, porque por sí mismos son incapaces de causarle el menor mal a nadie.

Y si algunos fantasmas son capaces de tirar armarios, mover mesas o lanzar cuchillos, es porque así lo han querido nuestros temores internos.

La segunda razón por la que no toco el tema de los nombres, las plegarias, las invocaciones o los rezos, es porque todos estos nombres son ficticios.

O, en el mejor de los casos, simplemente simbólicos.

Estos nombres de ángeles y demonios cambian de autor en autor y de persona en persona, dependiendo de las creencias que alimenten.

Hablando de creencias, la tercera razón por la que no doy nombres de ángeles o demonios, se debe a que cada persona tiene sus propias afinidades religiosas y su propia idea de la brujería y de la espiritualidad.

Una persona que crea en la salvación por medio de unos santos extraterrestres, dificilmente comulgará con una persona que piense que Dios nos ha dado el universo para nosotros solos.

Así que cada quien puede seguir invocando a sus dioses particulares.

El YO SOY

El conde de Saint Germain tuvo una gran idea esotérica con el YO SOY.

El dios, el ángel, o el demonio al que más fácilmente podemos acceder, es nuestro propio padre celestial, nuestro propio padre o cuerpo astral, o nuestro propio yo en las esferas espirituales.

Y siendo este dios particular el que mejor puede cumplir con nuestros deseos, no está de más repetirnos a nosotros mismos, al hacer un conjuro de amor o de cualquier otra clase: YO SOY.

Y si quieres un nombre para tu dios particular, le puedes dar el tuyo propio, al fin y al cabo sois la misma cosa en esencia.

Pero no nos alejemos demasiado del campo de la brujería, que después de todo, es mucho más sencilla y menos exigente que todo esto.

CAPITULO II

CONJUROS DE ODIO

Para romper con un amor

Toma una fotografía
en donde aparezcáis los dos,
escribe en el reverso tu deseo.

Corta la fotografía
de forma en que quedéis separados
y quema la parte donde aparezca
el amor que ya no deseas.

Repite el trabajo
durante tres martes.

Guarda las cenizas
y tíralas al mar o al agua
el martes siguiente.

Así apagarás el fuego
de su amor
sin dejar ni una brasa
en sus cenizas.

Para romper con un amor II

Coge una fotografía
de la persona que quieres dejar.

Escribe al reverso textualmente
que quieres que te deje en paz.

Coge una vela blanca
y escribe en ella tu nombre.

Enciéndela un martes
mientras repites mentalmente:
"Desapareceré de tu vida
como desaparece la vela".

Después quema la fotografía
con la flama de la vela
y la persona dejará
de buscarte amorosamente.

L.B.

L.B.

¿Qué hacer cuando no hay fotografía?

Como en la brujería todo es simplificación, cuando no tengas la fotografía deseada, basta con un papel blanco.

En ese papel blanco escribirás por una parte el nombre de la persona, y en el reverso escribirás lo que deseas de ella.

Y después procede con el papel como si se tratara de la fotografía.

En la antigüedad se utilizaban retratos o dibujos de la persona elegida.

Actualmente algunos brujos hacen un simple monigote con cuatro rayas sobre cualquier papel para representar a la persona.

Los que practican el Vudú utilizan a un muñequito de cera o arcilla.

¿Qué se necesita para hacer un muñeco?

Cera, arcilla, un poco de paciencia para darle forma y, especialmente, algo que haya pertenecido a la persona:

Un poco de cabello

Un trozo de ropa

Un botón

Una pluma de su almohada

Un trozo de la sábana donde haya dormido

Unas gotas de su sudor

Unas gotas de su sangre

Y cosas por el estilo.

¿Cómo saber cuando uno está embrujado?

Es lógico que ante un libro de brujería, y sobre todo en el capítulo dedicado a los trabajos de odio, sintamos un poco de paranoia, nada buena, y queramos saber cómo podemos descubrir si estamos embrujados.

I

En una palangana
pon agua y vinagre.

Si el vinagre reacciona
con el agua y se vuelve blanco,
estás embrujado.

II

Pon un plato de sal
bajo tu cama.

Si la sal amanece enrojecida
húmeda o dispersa,
estás embrujado.

III

Mírate fijamente en un espejo.

Si ves en tu imagen reflejada
una sombra negra sobre tu hombro,
estás embrujado.

IV

Coge una baraja del Tarot,
mézclala trece veces,
escoge, sin ver, tres cartas al azar.

Si estas cartas son,
en cualquier orden,
la Muerte, la Torre y el Diablo,
estás embrujado.

Pero si sale entre ellas el Loco
o el Colgado,
estás buscando un pretexto
para tus males
o para tus malas acciones.

V

Coge un huevo de gallina
y pásalo por todo tu cuerpo.

Rómpelo y vacíalo
sobre un recipiente con agua.

Si el huevo sale negro o podrido,
estás embrujado.

VI

Coge un pimiento picante
y pásalo por detrás de tu oreja.

Después ábrelo por la mitad.

Si está negro por dentro
o le salen gusanos,
estás embrujado.

VII

Si sientes como si llevaras
cargando a alguien sobre tu espalda,
estás embrujado.

VIII

Si los animales te huyen,
si las plantas que tocas se secan,
y si los bebés lloran al verte,
estás embrujado.

¿Quién nos puede embrujar?

Cualquiera, hasta nosotros mismos podemos autoembrujarnos, porque la mayoría de las veces no hace falta otra cosa que el pensamiento para embrujar a alguien.

Nos puede embrujar una persona que nos ama porque desea hacernos un bien.

Nos puede embrujar una persona que nos ama en su afán por conquistar nuestro amor.

Nos puede embrujar la vecina porque envidia algo de nuestra vida.

Nos puede embrujar un compañero de trabajo porque odia nuestra suerte.

Nos puede embrujar un amigo que desea algún favor de nuestra parte.

Nos puede embrujar alguien que desea nuestra ruina.

Nos puede embrujar alguien que desea nuestra gloria, aunque sucede muy pocas veces.

Nos embrujamos a nosotros mismos cuando nos maldecimos interiormente por haber hecho algo malo.

Nos embrujamos a nosotros mismos cuando deseamos alcanzar algo inalcanzable.

Y nos embrujamos nosotros mismos cuando pensamos que los demás son tan malos que desean embrujarnos.

Esta última brujería es la más frecuente, pues con ella intentamos hacer un cerco mental que nos proteja de los demás al tiempo que nos permite abusar de ellos.

¿Cómo prevenir las brujerías?

I

Llevando al cuello
un amuleto protector:
Cruz de Caravaca, Cruz Egipcia,
Estrella de David, Estrella de Salomón,
un Talismán Especial,
o una simple moneda de oro.

II

Llevando un espejo de plomo
en el bolsillo más cercano al corazón.

III

Imaginándonos una pirámide
de vértices luminosos
que nos envuelve personalmente,

o que envuelve a nuestra casa,
a nuestras posesiones
y a nuestra familia.

IV

Rociando cruces de alcohol
detrás de todas las puertas
de nuestro hogar.

V

Rociando cruces de agua bendita
en todas las ventanas y espejos
de nuestro hogar.

VI

Colgando una ristra de ajos
a la entrada de nuestra casa
o de nuestro negocio.

VII

Poniendo todas las noches
un plato de sal
debajo de nuestra cama.

VIII

*No comiendo ni bebiendo nada
que no venga de una persona
de estricta confianza.*

Junto a esta última fórmula, lo mejor que podemos hacer para evitar que se nos embruje, para bien o para mal, es no creyendo una palabra de supersticiones o de brujerías.

La no creencia en estas extrañas ciencias es el mejor antídoto contra su efectividad.

Si quieres verte libre de cualquier tipo de brujería, no la temas ni la esperes. No dejes que tu mente se impresione por sus artificios. No la veneres ni la respetes. Haz como si fueran cuentos de viejas que no se deben ni de tomar en cuenta. No le dejes ni el más mínimo espacio para incrustarse en tu ánimo. No dudes ni un momento.

Sólo si te mantienes firme en todo momento, pensando que no es más que una invención de ignorantes que no merece la pena, te mantendrás al margen de ella.

Pero si le das el más mínimo respiro, si le das el más mínimo resquicio, cualquiera podrá embrujarte, en mayor o menor medida dependiendo de sus propias capacidades, aunque que tu jures que no crees en ella.

Y no te esfuerces demasiado en el empeño, porque mientras más la niegues, más oportunidades le darás de manifestarse.

Simplemente olvídate de ella.

Los Angeles Protectores

No es mala idea crear, o pensar, en ángeles que nos protejan del mal externo. Generalmente funcionan.

Pero recuerda que estos ángeles, al ser un reflejo tuyo como tú lo eres de ellos, tendrán al fin tus mismas limitaciones.

Si te has de encomendar a alguien para que te proteja, confía mejor en los santos, o divinidades, considerados como milagrosos. Confía en esos santos que tienen muchos seguidores, porque de esta manera te protejerá no solamente el santo o la divinidad, sino que además te protejerá la energía de todos sus fieles.

Una vez satisfechas estas curiosidades, continuaremos con los conjuros de odio.

Para que no te olviden

Si una persona te ha dejado de amar
y no quieres que te olvide,
aunque no puedas recuperar su amor,
toma una prenda de esa persona,
átala a una prenda tuya,
y sumérgelas en alcohol.

Y mientras las prendas permanezcan
unidas y sumergidas,
esa persona no te podrá olvidar.

Para que alguien fracase en el trabajo

Coge una planta, fruta o verdura
que te recuerde
a la persona escogida.

Abrela por la mitad,
pon ahí un papel
con el nombre de la persona.

Envuelve la planta, fruta o verdura,
con un papel aluminio
y métela en el congelador.

Con ello lograrás que se quede
congelado en su puesto.

Para que pierda el empleo

Si deseas que lo echen de la empresa,
esconde el envoltorio en su oficina
durante una semana,
después sácalo a la calle
y escóndelo en un lugar en ruinas.

La persona elegida perderá el puesto
y no volverá a encontrar trabajo
hasta que alguien lo tire a la basura.

Para que descienda de categoría

Sigue el mismo método.

Pero esta vez esconde el envoltorio
en su oficina por trece días.

Después sácalo de ahí
y llévalo a esconder
a las dependencias de menor categoría.

La persona tendrá muchos problemas,
pero podrá recomenzar desde abajo
cuando alguien encuentre el envoltorio
y lo tire a la basura.

El método de los animales muertos

Uno de los métodos más socorridos en los trabajos de odio, es el llevar un animal muerto hasta la puerta de la casa o el negocio de la persona elegida.

El animal muerto en sí no significa nada.

Sólo sirve para impresionar y asustar a la persona, para que sepa que está siendo objeto de un embrujo.

De esta manera, cuando la persona está asustada, comienza a alimentar sus temores, sus males y sus sentimientos de fracaso.

El miedo es el único alimento de las sombras.

A partir de ese momento, si la persona se asusta realmente, todo le comienza a ir mal.

Si el animal muerto aparece a la puerta de su negocio, se irá a la ruina con toda seguridad.

Y si el animal aparece en la puerta de su casa, es muy posible que su hogar se destruya desde dentro.

Todo depende de lo asustada o impresionada que quede la persona.

Si la persona no le da la mayor importancia al hecho, no le pasará nada y el intento del embrujador se verá frustrado.

¿Qué nos sucede cuando hacemos el mal?

En primer lugar, que nos envilecemos como personas.

En segundo lugar, que pagaremos de alguna forma por el mal que hemos hecho, que de alguna manera tendremos que compensar nuestros actos, nuestros deseos o nuestras intenciones.

Nadie nos pedirá cuentas en el cielo, pero si en la tierra.

Además, no hay mejor candidato a ser embrujado de mala manera, que aquel que ha cometido un abuso sirviéndose de la brujería.

Los fantasmas interiores son más terribles que los fantasmas celestiales, y tarde o temprano la conciencia nos reclama y nos obliga a pagar con bienes los males recibidos.

Si transgredes las leyes de los hombres, lo más seguro es que vayas a la cárcel de los hombres. Y si transgredes las leyes de tu ser interno, irás a la cárcel de tu propio ser interno hasta que purgues tu propia condena.

Estas condenas son más frecuentes de lo que nos pensamos.

La infelicidad interna es nuestra propia cárcel.

Y lo peor de todo es que no podemos escapar de nosotros mismos.

El que desea el mal de los demás construye su propio mal: la envidia. Y nunca tendrá suficiente, porque siempre habrá quien tenga más en cualquier sentido, y siempre habrá alguien que venga empujando detrás para derribarle.

Quien abusa de los demás, cree que los demás intentan abusar de él.

Y la brujería es tan simple como nosotros mismos.

Así que creo que no hace falta preguntar qué nos pasa cuando actuamos mal, interiormente lo sabemos de sobra.

Y pobres de aquellos que se crean que será el brujo o la bruja quien se cargue con las culpas de un trabajo de odio, porque el brujo sólo es un instrumento de nuestros propios deseos.

Sé que ya habíamos hablado de ello, pero nunca está de más repetir algo que considero importante: cada quien es personalmente responsable de sus pensamientos, deseos y actos, y cada quien responderá ante sí mismo de ellos. Y ni los santos, los ángeles o los demonios le salvarán de dicha responsabilidad.

Pero no hay que dramatizar, tenemos muchas vidas para equilibrar nuestra balanza.

Cada quien es muy libre de hacer con su vida y con la brujería lo que quiera. Nosotros no somos nadie para saber en qué punto se encuentra el equilibrio que necesita su karma.

¿Se puede matar a alguien con la brujería?

Sí, pero sólo si se le dan a ingerir pócimas venenosas a la persona elegida. Acción penada, si se descubre al infractor, con muchos años de cárcel, y en algunos países con la muerte.

Pero esta es la única forma de hacerlo, al menos por medios brujeriles.

Nadie es capaz de matar a nadie con la mente o con un sortilegio lejano.

Sólo las armas de fuego matan a distancia.

Ninguna brujería, encantamiento o magia es realmente capaz de matar a un ser humano.

Aunque el miedo que sienta una persona al saberse, o sentirse, víctima de un embrujamiento puede empujarle a sufrir un accidente, muy rara vez puede llevarle hasta la muerte.

Es cierto que toda creencia mal llevada puede cometer crímenes, también la brujería, pero la Inquisición produjo más víctimas en un siglo que la brujería en toda la historia de la humanidad, aunque la comparación resulte odiosa.

En síntesis, que existen algunas ideas que matan cuando son llevadas al extremo del fanatismo y la intolerancia, especialmente las que tocan temas espirituales, partidistas o religiosos. Y la brujería, en cualquier época de su historia podría encontrarse en ese caso.

Pero olvidaros de la absurda idea de que la brujería, o que algún brujo, pueda matar al ejercer sus *poderes*.

CAPITULO III

CONJUROS DE SALUD

Para curar los males externos de la cabeza

I

Usa cataplasmas de arcilla,
o cataplasmas de árnica
para los golpes
y las heridas externas.

II

Pon cáscaras de patata
en remojo durante siete horas
y lávate la cabeza
con el agua resultante
para evitar la caspa
y la calvicie.

III

Para los granos y erupciones
de la cabeza,
usa pimientos picantes
como cataplasmas.
Y cuando el grano reviente
límpiate bien y no toques la herida.

IV

Cuando quieras ayudar
a una persona ausente,
enciende una vela de color rojo
y reza por ella
al santo de tu devoción.

Para los males internos de la cabeza

I

La flor de azahar en tisana
y la ciruela en ayunas,
eliminan los gases internos
que producen el dolor de cabeza.

II

Pon sobre tu frente
una moneda de oro
cuando vayas a dormirte.

O pasa el día
con una diadema de platino
puesta sobre la cabeza.

Estas alejarán los dolores
y aclararán tu cabeza.

III

Si los males de tu mente
son más profundos,
enciende cada sábado
una vela gris
y destruye una vela negra.

En la vela negra
ha de ir inscrito
el nombre
o las características de tu mal.

Y en la vela gris
tu nombre y tu deseo.

IV

Para ayudar a una persona ausente
que sufra trastornos mentales,
enciende tres velas cada sábado,
una gris, una lila y una blanca,
y verás cómo disminuyen sus males.

Para prevenir los accidentes

I

Lleva contigo siempre
una moneda de oro,
ella retendrá tu materia
dentro de este mundo.

II

Una pulsera de madera,
o un rosario de madera,
te protejerán en el viaje
cada vez que toques sus cuentas.

III

Antes de partir de viaje
o de emprender tarea peligrosa,

enciende una vela roja
con tu nombre grabado en ella.

Para los males de garganta

Usa un pañuelo azul
para cubrir tu garganta.

Usa una luz azul
donde duermas.

Bebe limón y miel,
y come frutas y verduras
frescas y de color rojo.

Para los males de pulmones

Ponte siempre ropa verde
o ropa anaranjada.

Huele el eucalipto
y bebe la menta en tisana.

Usa un collar
que penda sobre tu espalda
con un pendiente de mercurio.

Pasa cada miércoles
un imán sobre tu pecho
y sobre tu espalda.

Para los males de la sangre

I

Pínchate un dedo
y derrama tu sangre
sobre una vela amarilla
o sobre una vela blanca.

Limpia tu herida
con planta de helecho.

Báñate todos los martes y domingos
con jugo de espinacas.

Y al terminar el baño
enciende la vela
donde está tu sangre derramada
para que el mal se queme con ella.

II

Usa una pulsera
o un collar de hierro.

Lleva un imán
siempre contigo.

Y trata de vivir durante un año
a base de melocotones rojos

y uvas negras,
aunque comas otras cosas.

III

Coge un cristal rojo
y otro verde.

Ponlos cerca de tu corazón
todas las noches.

Y en un papel amarillo
escribe el nombre del mal
y quémalo con un poco de alcohol.

IV

Coge un pichón blanco
y pásalo cada martes y domingo
sobre las venas que resalten de tu cuerpo
y, por último, apriétalo contra tu corazón.

El uso de las velas en las enfermedades

Los brujos recurren mucho a las velas para intentar curar toda clase de enfermedades.

El uso de las velas está especialmente indicado para ayudar a las personas que se encuentran lejos, pero nada impide que se utilicen para las personas que están cerca, o para uno mismo cuando se está enfermo.

El método más sencillo es el de coger una vela blanca y grabar el nombre del enfermo sobre ella, para encenderla después cualquier día de la semana.

El método se puede reforzar usando una vela de un color determinado para cada enfermedad, encendiéndola un determinado día de la semana.

En la siguiente lista resumiremos los colores de las velas y el día en que funcionan mejor para una serie de zonas orgánicas específicas que estén enfermas.

La Vela Roja ayuda a curar las heridas, golpes y contusiones de la cara y la cabeza; las heridas en general, sobre todo a las heridas abiertas; las hemorragias y las infecciones; las fiebres y los desórdenes de las arterias; y, finalmente, ayudan a prevenir accidentes de todo tipo y a evitar ataques, o daños causados por armas blancas o de fuego.

La Vela Azul ayuda a curar enfermedades de la garganta; de la tiroides; de la nuca; de la lengua; de los riñones; de la piel: y es muy útil para prevenir enfermedades venéreas.

La Vela Verde ayuda a curar enfermedades del sistema respiratorio; dolores y heridas de las manos, los brazos, las piernas y los pies; facilita el funcionamiento de los intestinos, el bazo, el páncreas y la vesícula biliar.

La Vela Blanca, *a*demás de sus capacidades universales, está especialmente indicada para las depresiones, las enferm*edades* de origen psicológico; y ayuda a curar los males estomacales, digestivos y las intoxicaciones.

La Vela Amarilla da energía y ayuda a curar las enfermedades de la espalda; la columna vertebral; las enfermedades nerviosas; las enfermedades del corazón; y contribuyen a solucionar ciertos problemas respiratorios como el asma y las alergias.

La Vela Marrón está especialmente indicada para ayudar a resolver problemas sexuales: infecciones, dolores, quistes, menstruaciones irregulares o dolorosas, problemas de parto o infertilidad; pero también ayuda a regular las glándulas suprarrenales y a curar problemas de obstrucción sanguínea, como las hemorroides y las varices.

La Vela Naranja es principalmente una buena ayuda en los problemas óseos y musculares, en los problemas de sueño y dentales; pero también ayuda a curar todo tipo de enfermedades.

*La Vela Gris a*yuda a curar básicamente los problemas mentales y algunos desórdenes nerviosos como la epilepsia; pero también es buen remedio para el cáncer causado por la radioactividad.

La Vela Rosa se cuida de todo el sistema glandular y hormonal; del hígado; de los pies; y es capaz de prevenir y curar toda clase de vicios.

La Vela Negra satanizada por muchos, tiene especial relevancia en la curación de enfermedades fatales, crónicas (como el reuma y la artritis, por ejemplo) e irremediables (desde el cáncer hasta la psoriasis).

El uso de los animales

Los brujos recomiendan, o usan, ciertos animales (especialmente las palomas y las ovejas) para curar todo tipo de enfermedades.

Se supone que el animal recibe, o absorbe, el mal de la persona liberándolo del mismo.

Para este mismo fin se recomienda usar un imán, tiene la misma función y, además, evita que contagiemos a los animales (lo que no deja de ser una medida ecologista).

Hace poco más de un siglo, los hijos de los esclavos ocupaban el lugar del imán o el de los animales.

Nosotros nos quedamos con el uso del imán, porque puede tener la misma capacidad de absorción que los animales sin tener que recurrir a dañar a otro ser vivo.

Las limpiezas

Cuando una persona se siente enferma y los médicos no encuentran ningún mal en ella; cuando una persona se siente embrujada; o, simplemente, cuando una persona cree estar enferma de mala suerte, recurre a un brujo para que le haga una limpieza personal.

Por otra parte, cuando una persona cree que en su casa o negocio pululan espíritus malignos; cuando va a inaugurar una casa nueva o un nuevo negocio; o cuando se va a ocupar de una casa vieja o de un viejo negocio, recurre al brujo o a la bruja para que le haga una limpieza de hogar o de negocio.

Estas limpiezas, obviamente, sirven para curar a las personas y a las cosas de males espirituales y de males físicos.

Las limpiezas personales se pueden realizar de la siguiente manera:

Se toma una rama de avellano
y otra de helecho
para pasarlas, como una escoba,
sobre todo el cuerpo de la persona.

Mientras se hace esto,
se debe quemar incienso
y consumir una vela blanca.

Cuando se han terminado de pasar las ramas
por el cuerpo de la persona,
se repite la misma operación
con un huevo de gallina.

Después se le pone un poco de alcohol
en la frente, la nuca y detrás de las
orejas.

Se apaga la vela y el incienso
y todos los elementos usados en la limpieza
se tiran a la basura.

También, para más realce, se puede
ir diciendo una oración religiosa, o inventada,
mientras dura la operación.

De esta manera, la enfermedad,
el espíritu maligno, el embrujo
o la mala suerte,
abandonarán a la persona.

Para limpiar un local o un hogar, se procede de la siguiente manera:

Al entrar en el lugar
se debe encender una vela
y recorrer todas las habitaciones
llevándola en la mano izquierda.

Después, mientras la vela se consume,
se enciende un poco de incienso
y se comienza a arrojar perejil, orégano y
muérdago en todas las habitaciones.

Se vuelve a pasar, ahora llevando
la vela en la mano derecha,
por todas las habitaciones.

Al terminar este pase,
se toma una escoba de fibra natural
y se barre toda la casa.

Se apaga la vela y el incienso
y se rocía un poco de alcohol,
de perfume o de agua bendita
por toda la casa.

Todo ello puede ser acompañado
de oraciones o plegarias.

Finalmente,
se toman todos los elementos
usados en la limpia
y se tiran a la basura.

No sabemos exactamente por qué, pero estos métodos son muy eficientes.

Las limpiezas son muy antiguas, pero se siguen usando mucho hoy en día. Los mismos curas católicos las utilizan para bendecir los negocios y los hogares, sólo que ellos han sustituido las velas, las hierbas, el incienso, etc., por agua bendita, gestos simbólicos y oraciones. Y dicha práctica, aunque esté tolerada por la Iglesia, no deja de ser una brujería con toda la barba.

CAPITULO IV

CONJUROS DE FORTUNA

No podíamos dejar fuera de este libro algunos de los conjuros para atraer a la fortuna, esa diosa esquiva que nunca está donde la esperamos.

Personalmente soy más partidario del trabajo que de la fortuna, pero no está de más intentarlo.

Para atrapar a la Diosa de la Fortuna

NEGANDOLA

Repite mentalmente a cada momento
que no la deseas, que la detestas,
que no tienes suerte,
que nunca te toca nada,
que eres un desgraciado,
que nunca aceptarás nada de ella,
que es lo peor del mundo
y que no deseas encontrártela jamás en la vida.

No estará de más que la insultes
y que la desprecies de corazón,
porque la fortuna, al fin mujer,
es caprichosa y corre detrás
de quien más la hace sufrir,
aunque sólo sea por curiosidad.

AFIRMANDOLA

Dile a todo el mundo
que eres una persona afortunada,
aunque nunca hayas ganado nada en la vida.

Presume ante todos
de tu buena suerte.

Miente, si es necesario,
y di que la tienes rendida a tus pies.

Convéncete, incluso a ti mismo,
que eres el ser más afortunado
del universo.

Y mientras más lo digas,
más cerca estarás de alcanzar tu objetivo,
porque cuando verdaderamente
estás convencido de algo,
lo terminas convirtiendo en realidad.

Para ganar la lotería

Coge todos los billetes de lotería
que hayas comprado
y que no hayas tirado,
y quémalos con una vela naranja
mientras repites mentalmente:
"Que tus cenizas vuelvan a mí
en forma de premio".

Haz esta operación un sábado
a la media noche un día de luna llena
o de luna nueva,
y antes de que pasen 28 días
ganarás un premio en la lotería.

Para recibir dinero

I

Coge un billete de color verde,
escribe de un lado tu nombre
y en el reverso tu deseo.

Quema el billete
con la llama de una vela verde
después de haberlo
empapado en alcohol.

Recoge sus restos
en un papel de color lila
y tíralos a la basura.

II

Coge un billete cualquiera
y escribe tu nombre en él.

Entrégaselo a una persona
muy desafortunada,
y cuando el billete vuelva a tus manos
vendrá acompañado de muchos más.

III

Coge un billete cualquiera
junto a uno de lotería,
o de cualquier otro juego de azar
en el que quieras ganar,
pásatelos por el trasero
y pronto recibirás un premio.

Las señales de la fortuna

La fortuna está muy conectada con lo más grosero de la materia: la basura, los excrementos, etcétera.

Esto sucede porque lo más grosero, desde el punto de vista espiritual, es el dinero.

Es decir, que la basura y los excrementos representa simbólicamente al dinero.

De esta forma, la fortuna se anuncia a nosotros cuando soñamos con:

Basura, excrementos, liendres, piojos, gusanos, pobreza, miseria, desnudez, hambre y otras cosas por el estilo.

Cuando sueñes con cualquiera de estas cosas, no dudes en comprar un billete de lotería, de aventurarte en un juego de azar o en un negocio, porque la fortuna te respalda.

La Voz de la Fortuna

Pero esta no es la única forma en que la fortuna se comunica con nosotros.

La fortuna también es capaz de hablarnos directamente, o en sueños. Pero no te engañes inventando su voz, porque para que tu suerte sea efectivamente positiva hace falta que escuches perfectamente a la fortuna aconsejándote tal o cual número, tal o cual negocio.

Si realmente la escuchas, sin engañarte a ti mismo, aprovéchala, porque la fortuna sólo te hablará, cuando mucho, tres veces en la vida.

Los accidentes

La buena suerte se presenta muchas veces acompañada de la mala suerte.

15

Por eso, si un día tienes la desgracia de romperte un hueso, o te pasa cualquier otro accidente, compra en cuanto puedas un billete de lotería o algo similar, te puede tocar un premio interesante.

Pero no llames a la desgracia o al sufrimiento para conseguir los favores de la fortuna. Porque la mejor de las suertes económicas es incapaz de mitigar los dolores que desencadena una verdadera desgracia.

La Mejor de las Fortunas

La mejor de las fortunas no se alcanza por medio del dinero, ni por medio de la brujería. Se alcanza desde el fondo de nosotros mismos cuando llenamos ese pequeño y eterno vacío que nos impide conocer lo que realmente es el amor y la felicidad.

Recuerda y lleva siempre dentro de ti las sabias palabras del Buda:

No es más rico quien más tiene,
sino quien menos necesita.

El sistema más sencillo

Si eres Aries juega siempre al 1.

Si eres Tauro juega siempre al 2.

Si eres Géminis juega siempre al 3.

Si eres Cáncer juega siempre al 4.

Si eres Leo juega siempre al 5.

Si eres Virgo juega siempre al 6.

Si eres Libra juega siempre al 7.

Si eres Escorpio juega siempre al 8.

Si eres Sagitario juega siempre al 9.

Si eres Capricornio juega siempre al 10.

Si eres Acuario juega siempre al 11.

Si eres Piscis juega siempre al 12.

De esta forma siempre
tendrás oportunidad de ganar
algo importante
por lo menos una vez en la vida.

CONCLUSION

Si yo no hubiera tenido nunca una manifestación vívida y personal de la brujería, así como de otras ciencias ocultas, jamás hubiera escrito respecto a este tema.

Os aseguro que, fuera de las exageraciones supersticiosas, tendenciosas o fanáticas, la brujería funciona.

Y no importa que se desarrolle entre empresarios, campesinos o intelectuales, sigue funcionando.

Es cierto que no tiene el sentido místico de la verdadera Magia.

Es cierto que no se mueve dentro de la lógica *espiritual.*

Es cierto que se mueve fuera de toda ley y de todo sentido común.

Pero funciona y la practicamos más de lo que nosotros mismos creemos.

La practicamos al rezarle a un santo o a una virgen; la practicamos al desear un premio; la practicamos al querer algo mejor de lo que hemos sido capaces de conseguir por nuestros propios medios; la practicamos al envidiar y al desear la suerte de otros; la practicamos cuando nos enfadamos y maldecimos a tal o cual situación, a tal o cual persona.

Y lo ideal sería que no la practicaramos tanto y que aprendieramos a vivir, a triunfar, e incluso a fracasar, por nuestros propios medios, por nuestros propios méritos y, por qué no, por nuestros propios fallos.

Porque sólo de esta manera nos haríamos cargo de nuestros pensamientos, intenciones y actos. Porque sólo de esta forma nos haríamos responsables de nuestro cuerpo, nuestra mente y nuestro espíritu.

Pero los humanos no somos seres ideales, y la brujería está ahí (como las demás ciencias ocultas y religiones, ya sean reconocidas, toleradas, secretas, oficiales o marginales), para ayudarnos a sobrellevar ciertos aspectos de nuestro ser y de nuestra vida.

Nada es bueno ni malo en esencia, todo depende del uso que le demos los seres humanos.

APENDICE

EL PODER DE LAS ORACIONES

Dentro de la magia, al igual que dentro de las religiones, existen divinidades menores que se preocupan más por el destino de los hombres que el gran Demiurgo (el dios de los hombres) o que el gran Dios (el dios de los espíritus).

Los egipcios, de la misma manera que los escandinavos o las personas de la actualidad, confían más en santos y vírgenes para solucionar sus problemas personales que en Dios.

LA VIRGEN

Creer en una virgen determinada no deja de ser una blasfemia, para conceptos religiosos estrictos, como el creer en un santo.

La madre de Dios es sólo una.

La mujer virgen que trajo a la vida a Cristo es sólo una.

La madre de Dios en la tierra es sólo María.

Sin embargo, y ante el alubión de apariciones Marianas y de

la fe que los pueblos han puesto en ellas, la imagen de la virgen se ha multiplicado por miles.

Nadie más milagrero que una virgen.

Nadie más cerca de la brujería que un ser que soluciona nuestros problemas personales sin exigirnos casi nada a cambio.

La Iglesia tolera a muchas vírgenes, aunque debería apostar sólo por una.

Por su parte el saber popular apoya y recurre a muchas vírgenes viendo en cada una de ellas a una sola, la madre de Dios, o a una de sus antiguas diosas sumergida ahora en el sincretismo.

De otras muchas vírgenes no se sabe a ciencia cierta de dónde han salido ni que representan, fuera del deseo del pueblo de tener una patrona espiritual o de creer en algo.

De cualquier manera, y a pesar de los distintos criterios acerca del tema, muchas de estas vírgenes han progresado y se han ganado la devoción del pueblo por su efectividad milagrosa.

Ahí tenemos los ejemplos de la Virgen del Rocío, la Virgen de Lourdes, la Virgen de Guadalupe, la Virgen de Monserrat, etc., que hacen la delicia milagrera de propios y extraños.

Sólo piden a cambio una procesión, una *manda* (promesa del que pide), una vela o una visita, es decir, que se crea en ellas.

LOS SANTOS

Algo similar ocurre con los santos.

Existen santos para todo tipo de peticiones: amor, dinero, trabajo, imposibles, hijos, y cientos de cosas.

Cuando la gente apela a los santos no se cuestiona siquiera si lo que piden es bueno o es malo, si es correcto o es incorrecto, simplemente piden.

Lo que no puede Dios, lo pueden los santos, según el saber popular.

CRISTO

Una figuar que supuestamente debería ser venerada por todos en señal de agradecimiento, es Cristo, por haber sido nuestro salvador y nuestro redentor según las religiones cristianas.

Sin embargo, su figura no se escapa de las peticiones más materialistas y casquivanas del pueblo.

Además, al igual que la Virgen, Cristo tiene sus *reflejos* en Cristos blancos, Cristos negros y Cristos de diferentes nombres, condiciones y texturas.

EL ESPIRITU SANTO

Incluso el Espíritu Santo, aquel que está prohibido de usar o de vilipendiar en los evangelios, es usado o requerido habitualmente para cumplir los caprichos de sus peticionarios.

Cuántas veces vemos los agradecimientos de sus seguidores en la prensa local.

Parece ser que el Espíritu Santo sirve para todo en efectos de milagrería.

DIOS

El menos efectivo de todos, en este aspecto, es Dios. Parece que ya no se preocupa tanto de la suerte de los hombres como en la antigüedad cuando ayudaba a los hebreos en sus luchas y sus viajes.

Y no sólo el Dios de los hebreos, también los dioses egipcios, griegos y escandinavos se tomaban muchas molestias para incidir en la suerte de sus pueblos.

Hoy en día la idea de Dios está más universalizada. Se tiene más el concepto de un solo Dios que domina por sobre todas las cosas y sobre todas la divinidades. Incluso dentro de las religiones politeístas se presupone la existencia de un ser superior que está por encima de todos y de todo. Y este Dios se encuentra demasiado lejos de las miserias humanas como para preocuparse de nosotros.

Sin embargo, existen movimientos religiosos que cifran sus esperanzas terrenales en lo que ellos consideran el Dios superior.

Los mormones apelan al Padre Celestial y los testigos de Jehová apelan a Jehová mismo para solicitar cualquier cosa.

Muchas de las oraciones utilizadas en la magia ceremonial invocan a Dios en primer lugar, pero terminan pidiendo los milagros a los ángeles, arcángeles y demonios.

Se podría decir con cierto humor que Dios es el que da los permisos, pero no el que realiza la faena.

Dios es el poder superior, por eso se preocupa de nuestro espíritu en lugar de ocuparse de nuestro cuerpo. Para ocuparse de nuestro cuerpo están el resto de divinidades, aunque resulte poco lógico o poco racional que tengan que hacerlo.

LA PALABRA

¿Y cómo es que estos seres espirituales se dignan a escucharnos?

¿Qué les mueve a ceder ante nuestras absurdas peticiones?

La oración, el poder de la oración.

Si Dios mismo fue sólo verbo en un principio, que puede haber más poderoso que la oración, que puede tener más relación con lo espiritual que la misma palabra.

Demasiado sencillo, dirán los que pretenden complicar las cosas para alejarlas del alcance de los hombres comunes y corrientes.

Pero la brujería es sencilla.

Todas nuestras peticiones están estructuradas de palabras, todos nuestros deseos y todos nuestros pensamientos.

Quien sabe hablar con fluidez es capaz de conquistar a las multitudes.

Hacemos más caso de las palabras que de los hechos.

Oímos sólo aquello que nos interesa escuchar y hablamos sólo de aquello que nos interesa decir.

Porque, aunque de manera inconsciente, sabemos que la palabra tiene poder.

La gente confía más en la palabra dada que el documento firmado, porque la gente respeta más lo que habla que lo que escribe.

El honor se respalda con la palabra, y obliga más la palabra dada que cualquier otra cosa.

No en vano se dice de las escrituras sagradas que son palabra de Dios, o palabra de los dioses. Porque la palabra tiene un poder que se mantiene a través de los siglos y de las generaciones, poder que encuentra su dirección cuando se convierte en verbo, oración o invocación.

"Habla, y te será dado."

En cada época del mundo, en cada situación particular y en cada etapa de la historia, el hombre le ha dado importancia a las distintas cosas que conformaban su bienestar.

Hoy en día nos puede parecer ridículo que alguien orara devotamente a tal o cual santo para pedir que se salvara su vaca, porque no somos capaces de comprender que para un campesino de la edad media su vaca fuera lo más importante del mundo, ella constituía su patrimonio, su alimento y su riqueza.

Los campesinos de hoy en día siguen rezando y acudiendo a las brujas para que salven su rebaño, para que no caiga granizo o para que la cosecha sea abundante.

Mientras que el hombre urbano solicita a los santos o al brujo de turno que le toque la lotería, que le den trabajo o que su coche funcione.

El primero pide que enfermen los cerdos de su competidor y el segundo clama por conseguir el puesto de su jefe.

Las mujeres de antaño pedían a San Antonio un novio que las llevara al altar. Las mujeres de hoy en día solicitan a San Pancracio un buen trabajo para poder liberarse moral, económica y sentimentalmente de su marido.

Los niños piden a San Cristobal que cuiden a su padre en tal o cual viaje, y los padres piden al Niño Jesús por sus hijos.

Todos piden o desean algo, porque todos queremos algo.

Por eso he recopilado en este apéndice una serie de oraciones que han servido tradicionalmente para lograr todo tipo de favores, milagros y proezas.

ORACIONES CURATIVAS

San Sebastián, martir invicto y glorioso,
protector de afligidos y menesterosos
que confían en ti y en Dios.
Aboga ante El por nosotros
para que nos proteja de todo mal
de toda epidemia, de todo contagio
y de toda aflicción.
AMEN.

Santa Lucía, santa de Dios
y santa virgen mía.
Cuida de nosotros y preserva nuestros ojos
para que no nos falte vista
material o espiritual.
AMEN.

San Daniel, santo mío y de Dios amado,
libranos de las fiebres, de la peste y los engaños.
Que no se pierda nuestro cuerpo o nuestra alma
para gloria de la Divina Majestad.
Intercede por nosotros Santo mío,
concédenos lo que pedimos.
AMEN.

Cristo y el cáncer se van a Roma,
el cáncer se queda y Cristo torna.
AMEN.

En nombre de Dios Padre, de Dios hijo
y de Dios Espíritu Santo
se ha formado la Santísima Trinidad,
que se forme a esta guisa
la curación de este grano.
AMEN.

Persignada serás, llaga maligna,
curada serás por virtud divina,
como curadas fueron las llagas de Cristo
en los brazos de María Santísima.
AMEN.

Ana parió a Santa Ana
y Santa Ana parió a María;
si estas palabras son ciertas,
que también sean sanadas
mis partes adoloridas.
AMEN.

San Avelino, recibido por la gloria del Señor
te pido como favor que me devuelvas el movimiento

y me saques de esta postración.
AMEN.

San Antonio, San Antonio,
por tu santo querubín,
saca de mí la enfermedad,
saca de mí el Demonio.
AMEN.

San Eutropio en quince días
cura de su epilepsia
a (decir el nombre del enfermo)
y devuélvele su alegría.
AMEN.

Si dos te hacen mal de ojo
son tres los que te cuidan:
El Padre, El Hijo y El Espíritu Santo
para que seas sanado.
AMEN.

San Marcial, San Marcial,
por Dios y por Cristo
cuídame de todo mal.
AMEN.

Jesús nació, Jesús murió y Jesús resucitó;
si estas palabras son ciertas,
que se cure tu dolor.
AMEN.

Jesús nació, Jesús murió y Jesús resucitó;
como se curaron las llagas de Cristo
así pueden ser curadas las tuyas
en gloria y honor de Nuestro Señor.
AMEN.

El fuego no tiene frío,
el agua no tiene sed,
el pan no tiene hambre
y el aire no tiene calor.
San Lorenzo, mediador,
cura estas quemaduras
por gracia de Nuestro Señor.
AMEN.

RESPONSORIO DE SAN ANTONIO DE PADUA

Si buscas milagros, mira
muerte y error desterrados,
miseria y demonio, huidos,
leprosos y enfermos sanos.

El mar sosiega su ira;
redímense encarcelados;
miembros y bienes perdidos
recobran mozos y ancianos.

El peligro se retira;
los pobres van remediados.
Díganlo los socorridos,
cuéntenlo los paduanos.

Gloria al Padre, gloria al Hijo,
gloria al Espíritu Santo.

Ruega a Cristo por nosotros,
Antonio glorioso y santo,
para que dignos así
de sus promesas seamos.
AMEN.

Un Angel mandado de Dios
le dio a San Roque un altar
para que rezara en su nombre.
Por eso quien reza ante él
preservado se verá
de todo contagio, de toda peste
y de todo mal.
AMEN.

INRI

Señor, tú le diste al beato Liborio
el poder de curar el mal de orina,
de la ijada, el cálculo y la piedra.

Por San Liborio, Señor,
que se cure (decir el nombre del enfermo)
gracias a tu palabra eterna.
AMEN.

En Belén hay tres niñas,
una cose, otra hila
y otra cura las anginas.
Una hila, otra cose,
y tu escogida, Señor,
nos cura del mal traidor.
AMEN.

Nube, nube,
de sangre y agua formada;
en honra y gloria
de la Santísima Trinidad,
que sea prontamente curada.
AMEN.

Madre de San Simeón,
abogada contra las nubes,
como clara es la luna

y claro es el sol,
que sea clara la vista de (decir el nombre del enfermo)
por vuestra interseción.
AMEN.

Bendita Santa Apolonia,
por tu virginidad fuiste nombrada
de los dientes y las muelas, abogada.

Por tu virtud intercede
para que (decir el nombre del enfermo)
cure de su mal de dientes.
AMEN.

Muchas de estas oraciones son dichas frecuentemente por las personas beatas o creyentes, casi de una manera instintiva.

Los versos, más celosos del milagro que de la correcta gramática, se van adaptando a las distintas lenguas y áreas geográficas por donde se ha extendido la cultura cristiana.

Algunas aumentan o disminuyen. Otras recogen los nombres de distintos santos para curar un mismo mal, o incluso ostentan los nombres de arcángeles, de dioses arcaícos o de seres inventados en distintos libros de magia.

El sincretismo no es nada raro en estas cuestiones.

Así podemos encontrarnos dioses del Vudú compartiendo honores curativos con santos, y viejas palabras hebreas compartiendo el poder milagroso con las distintas vírgenes de la tradición católica.

Dentro de la brujería todo parece válido y funcional.

ORACIONES PARA TODA OCASION

ABRACADABRA,
patas de cabra,
que se cumpla mi voluntad.
AMEN.

Por el paño del Cáliz
y de la patena voy cubierto,
que no me vea preso
ni herido ni muerto.
AMEN.

San Benito, tú que asististe
a Santa Gertudris,
asísteme en la hora de mi muerte
para que mis pasos no hierren
el camino de la Gloria.
AMEN.

Angel de la Guarda, dulce compañía,
no me desampares ni de noche ni de día,
no me dejes solo, que me perdería.
AMEN.

Criatura, oye a tu Señor;
Señor, oye a tu criatura;
Melchor, Gaspar y Baltasar
levántate por la Santísima Trinidad.
AMEN.

San Judas Tadeo, señor de los imposibles,
haz que mi suerte varíe.
Concédeme lo que te pido,
sea bueno o malo,
sea pobre o rico.
AMEN.

Agla, Agla, Adonay,
por la Santísima Trinidad
concédeme la victoria sobre mis enemigos.
AMEN.

Yo te conjuro por el Creador,
por el Dios Omnipotente,
Eloim, Adonay, Teobac y Metatrón,
a que te disuelvas en sal,
a que huyas lejos de aquí
tormenta, rayo, granizo.
Y que caigas en el mar,
en la selva o en el barranco inculto
sin causar daño ninguno.
AMEN.

Goyet, Gog y Magog,
por gracia del Espíritu Santo
y la tres veces grande Trinidad,
pido que mi ganado
no se pierda, huya
o sufra enfermedad.
Sino que esté siempre guardado.
AMEN.

Santa Rita, Santa Rita,
lo que se da no se quita.
Dame el triunfo en este exámen.
AMEN.

San Donato, San Donato,
de los cojones te ato,
si no encuentro lo perdido
no te los desato.
AMEN.

San Antonio, San Antonio,
de cabeza te pondré
y de los pies te ataré
hasta que me des matrimonio.
AMEN.

San Pedro, tú que tres veces negaste
a nuestro Salvador.
No me niegues este favor
por tu propia salvación.
AMEN.

San Pedro, nombrado la primera piedra,
que por tu nombre bendito
tenga yo casas y haciendas.
AMEN.

Por los Santos Evangelios
que haya en mi casa riqueza
sin que me alcancen la envidia y los celos.
AMEN.

Hijo de la Virgen María,
justo Juez de Nazareth,
te pido que esta noche y este día
no me vea preso,
ni herido, ni muerto,
ni entre justicia envuelto.
AMEN.

Jesús tú perdonaste
a Judas por su traición

y a Pedro su negación,
perdóname Jesucristo
por caer en tentación.
AMEN.

Santo Niño Perdido
que no se pierda mi hijo.
AMEN.

San Cipriano y el Redentor
guíen mis pasos,
cuiden mi gente y mi familia,
y con el mismo fervor,
confundan a mis enemigos
y nos salven del maligno.
Que me vean los que me quieren bien,
pero los que no me quieren que encieguen
para que no me puedan ver.
AMEN.

¡Oh, glorioso Padre San Francisco!
Lleno de amor y caridad os he visto.
Si Cristo entregó las llaves a vos,
rogad por el amor de Dios
que cuando yo muera
vos seais mi cabecera.
Mi alma la entregaré a vos

para que vos la entreguéis a Cristo Nuestro Señor.
AMEN.

Como Cristo entró en Belén,
que entre en ésta, mi casa,
para que nos libre de todo mal
y para que nos traiga todo bien.
AMEN.

¡Oh, santísima Cruz!
¡Oh, inocente Cordero!
¡Oh, pena grave y cruel!
¡Oh, pobre Redentor!
¡Oh, llagas de mi Señor!
¡Oh, sangre derramada!
¡Oh, corazón traspasado!
¡Oh, muerte de Cristo amarga!
Ante ti Señor me postro
en señal de reverencia.
Ayúdame, Dios mi Señor,
a alcanzar la vida eterna.
AMEN.

Jesús tengo en el alma.
Jesús tengo en la boca.
Jesús tengo en el corazón.
Jesús me defiende de cualquier cosa.
AMEN.

Jesús es mi guía,
Jesús, mi defensa,
y Jesús mi recompensa.
Que el Sagrado Corazón de Jesús me proteja.
AMEN.

Jehová, Sabaoth, Señor Dios de los Ejércitos
y las huestes celestiales,
que el poder de tu espada, Agla,
destruya a todos mis enemigos
y haga desaparecer de la faz de la tierra
a todos mis rivales.
AMEN.

San Martín de Porres, Fray Escoba,
en tu humildad y pobreza
protegiste a los ladrones
y ayudaste a los pobres.
Protégeme también a mí,
dándome la riqueza
y cegando a mis perseguidores.
AMEN.

Es obvio que dentro de estas oraciones tradicionales existe una gran picardía popular que intenta capitalizar las virtudes y los errores de los santos en favor propio.

Quien las dice no pretende ser más o menos creyente de la religión católica, ni pretende la práctica de un satanismo, de una blasfemia o de una herejía, como tampoco pretende un escepticismo utilitario. No, lo que pretende, desde un pragmatismo primitivo, es salirse con la suya, ganar dinero, sanar o verse libre de enemigos de una manera fácil y sencilla, sin el mayor esfuerzo personal, buscando la seguridad de realización que pueden dar como garantía seres poderosos, divinos y celestiales, sin tener en cuenta que los enemigos, los vecinos o los competidores estén pidiendo lo mismo.

Cuando la gente pide para sí, casi nunca piensa en las consecuencias de sus peticiones o en el mal que puedan causar a otras personas. Total, con volver a pedir se arregla todo.

La gente no piensa, al pedirle la fama en la carrera artística a la Virgen del Rocío, que los favores recibidos puedan perjudicar a otros artistas que también buscan la fama.

Lo importante es triunfar uno, ser escuchado y ser ayudado por ese ser celestial, como si las demás personas no existieran.

Dentro de este egoísmo infantil dicen que el sol sale para todos, aunque creen que brillará más para sí mismos por su fe en tal o cual santo.

Sus actos no siguen una lógica ni un patrón humanitarista.

Sin embargo y a pesar de lo pueril y poco sustanciales que puedan parecer estas oraciones ante una mirada inquisitiva, lógica, crítica y realista, la brujería de la palabra funciona, y funciona mejor mientras menos dudas y cuestionamientos se hace el peticionario.

Quizás el pueblo, dentro de su sencilla sabiduría, entiende que aparte de uno mismo, y de los seres cercanos más queridos, no existe nadie más en el mundo y que las demás personas son sólo comparsas de la vida.

Los demás están ahí, pero no forman parte real de nuestra vida, son como una película, como un paisaje de fondo donde el tema central somos nosotros mismos. Y esto sucede aunque seamos misioneros del Africa y dediquemos nuestra vida a cuidar a los demás.

Los demás están ahí y nuestra sensibilidad puede herirse con los dolores ajenos, pero nunca padeceremos lo suficiente en carne ajena como para sentirnos unidos al prójimo.

Y da lo mismo que pronunciemos un sortilegio satanista que una piadosa oración, todos nuestros actos e intenciones tienen su foco de animación a partir de nosotros mismos.

Por eso la realidad que nos circunda, que ya estaba aquí antes de nosotros y que nos trascenderá después de nuestra muerte, al no partir de nosotros mismos nos parece un añadido a nuestra existencia, un añadido que no puede y no debe frenar nuestras aspiraciones y deseos personales.

La brujería ha captado muy bien este sentido primitivo del ser humano y funciona dentro de esa real irrealidad que le circunda, otorgando favores, perdonando pecados y destruyendo enemigos. Y es muy posible que la Iglesia le haya perseguido por esta tendencia irresponsable en un principio.

Pero la brujería, al fin popular, ha tenido la capacidad de mimetizarse entre los santos y las vírgenes a través de las oraciones para poder seguir funcionando sin el peligro de la persecución.

Y, en el peor de los casos, si la brujería sólo sirviera para despertar la desconfianza, el escepticismo y el cuestionamiento de los hombres sabios y analíticos que desprecian las flaquezas humanas, este saber popular ya habría cumplido con buena parte de su cometido: alimentar la esperanza.

Y toda esperanza alimenta la idea de un mañana, mejor o peor, pero un mañana, un nuevo día.

R. W. N.

INDICE

PRIMERA PARTE
ELEMENTOS DE LA BRUJERIA

SEGUNDA PARTE
RECETARIO